CANTON DE DIEULEFIT

MONTJOUX

NOTICE HISTORIQUE

PAR

P. GIRARD

SECRÉTAIRE DE MAIRIE ET INSTITUTEUR

« L'IMPRIMERIE » 9, RUE BISCARRA - NICE

1920

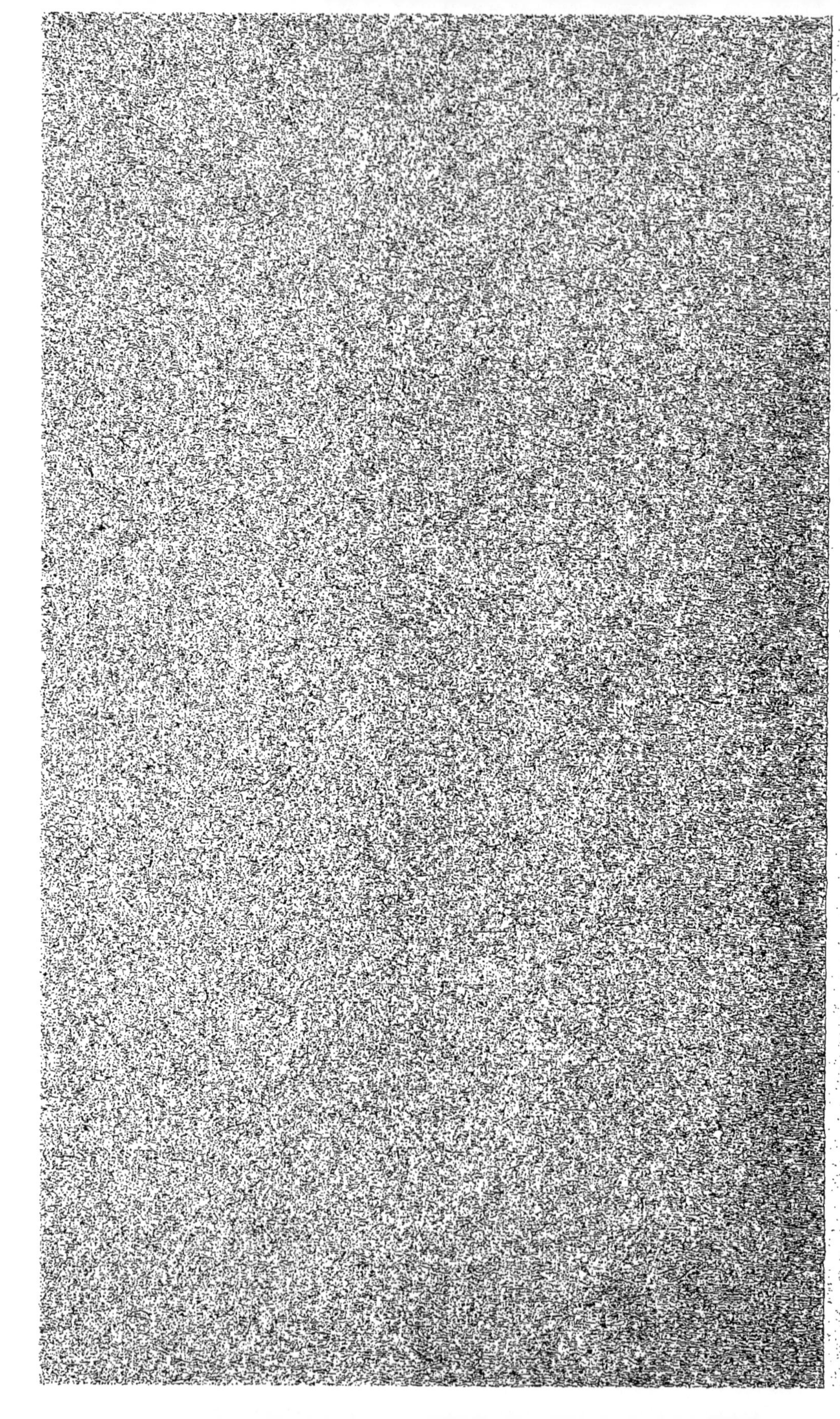

MONTJOUX

NOTICE HISTORIQUE

D'après les Archives et des Documents particuliers

NOTIONS GÉOGRAPHIQUES & ÉCONOMIQUES

Par

P. GIRARD

Secrétaire de Mairie et Instituteur

ARRONDISSEMENT DE MONTÉLIMAR

CANTON DE DIEULEFIT

MONTJOUX

NOTICE HISTORIQUE

PAR

P. GIRARD

Secrétaire de Mairie et Instituteur

" L'IMPRIMERIE " 9, Rue Biscarra — NICE

1920

A mon beau-frère Léopold *MOURIER*
mon bien cordial hommage.

Léopold MOURIER

Né à Montjoux, le 30 Mai 1862

Président de la Société de SECOURS MUTUELS des Cuisiniers de Paris.

MAIRE DE MONTJOUX

Conseiller Général de Dieulefit

Officier du Mérite Agricole — Chevalier de la Légion d'honneur

Officier de l'Instruction Publique

A MES AMIS, A MES ANCIENS ELÈVES,

Voici terminée une petite notice historique sur Montjoux, fruit de longues et persévérantes recherches. Ce n'est pas pour le vain plaisir de faire étalage de savoir que j'ai entrepris et mené à bonne fin ce projet que je caressais depuis longtemps. J'ai voulu surtout faire connaître aux habitants l'histoire de leur commune, et par suite la leur faire aimer d'un amour plus vif ; j'aurais plaisir à les voir plus fidèles à leur pays natal qu'ils désertent avec une déplorable facilité. Cependant, il ne manque pas de charmes, ni de ressources ; le sol fertile n'est pas ingrat à la main qui le travaille ; et l'attrait des villes n'est si grand que parce que l'on ignore les profondes misères qu'elles cachent, misère en redingote souvent, mais plus navrantes par cela même.

Jeunes gens qui quittez l'école, n'abandonnez pas votre village ; vivez la vie simple, saine et forte de vos aïeux ; n'allez pas chercher à la ville un bonheur que vous n'y trouverez pas, et que vous avez sans peine dans la maison paternelle. Vous jouissez à la campagne de deux biens inestimables : la vie large et la santé ; les sacrifierez-vous à la légère ? Si les nécessités de la vie vous obligent à vous expatrier, ayez la volonté de venir terminer vos jours dans votre petit village, au milieu de l'affection de vos parents et de vos amis d'enfance ; vous n'y rencontrerez jamais l'indifférence ainsi qu'à la ville.

Montjoux, le 1er juin 1919.

GIRARD,

Instituteur et Secrétaire de Mairie

VUE DE MONTJOUX

Au premier plan, le Lez — Au fond, la Lance

HISTOIRE

DE LA

COMMUNE DE MONTJOUX

PREMIÈRE PARTIE

Généralités

SITUATION. — La commune de Montjoux, qui fait partie du canton de Dieulefit, est limitée par Vesc, Teyssières, Le Pègue, La Roche-Saint-Secret, Béconne et Dieulefit ; elle est située dans la région la plus montueuse de l'arrondissement de Montélimar, près des confins de ce dernier avec celui de Nyons et de Die ; elle est à 6 kilomètres du chef-lieu de canton, à 34 kilomètres de Montélimar, et à 71 kilomètres de Valence. Son sol est très tourmenté ; ses montagnes sont séparées par de profonds vallons aux pentes escarpées. Le fond de la vallée a de riches alluvions qui ne proviennent probablement pas toutes du Lez ; un petit lac comme il s'en rencontre dans les montagnes, dont les bords sont encore très apparents à notre avis, a dû l'occuper longtemps, et verser ses eaux transparentes dans le Jabron, le déversoir étant au Serre, quelque échancrure se produisit vers la Mallaboïsse, les eaux se frayèrent un passage ; petit à petit, ou brusquement le lac se vida et dans son fond découvert le Lez y traça son lit.

L'agglomération principale, le hameau de La Paillette, est à 480 mètres d'altitude.

MONTAGNES. — La Lance, à la croupe puissante, élève son sommet à une hauteur de 1.340 mètres et la sépare du Pègue et de La Roche-Saint-Secret, au midi. Son ascension ne présente pas de difficulté et exige de 3 à 4 heures de marche en partant de La Paillette ; parvenu au faîte l'on est dédommagé de ses peines ; l'on a devant soi un panorama immense et merveilleux. A l'Est l'on aperçoit les Alpes gigantesques, dressant leurs hauts sommets couverts de neiges éternelles qu'enflamme le soleil levant ; vers l'Ouest, on découvre les Cévennes, au pied desquelles coule le Rhône, le grand fleuve indomptable chanté par Mistral, qui, plus pacifique, constituerait une puissante artère commerciale ; on voit Montélimar ; vers le Sud-Ouest s'étend la plaine vaste et fertile qui s'ouvre vers la Provence, avec ses riches vignobles, ses cultures variées ; avec une bonne lunette à longue-vue on découvre Avignon.

Lusset, près de Montjoux, aux flancs rapides, pointu comme une pyramide, Serre-Gleyze, Bertrézi, Mioufaud, ne sont que de puissants contreforts de la Lance.

Sur la rive droite du Lez, c'est Péméat, Feyssoles au pied de laquelle est située La Paillette, le plateau de Chovac, un maquis corse transporté en France, la Plate, le Devès et Ladret qui couvrent son territoire.

Toutes ces montagnes sont relativement très boisées, très verdoyantes ; le chêne rouvre, le pin sylvestre, le hêtre sont les principales essences ; l'on y trouve quelques spécimens de pins noirs d'Autriche, de cèdres, de sapins pinsapos, d'érables, de tilleuls, d'aliziers, etc. ; dans des étendues considébles on y rencontre la lavande aux délicates fleurs bleues. Maintes espèces d'arbustes contribuent à couvrir les parties boisées comme les landes : le genêt d'Espagne, le thym, le rosier sauvage, l'aubépine, la ronce frutescente, le prunier sauvage, le buis, le houx, la yeuse, le cornouiller sanguin, l'amélanchier, le noisetier, le genévrier dont les baies sont si recherchées par de nombreux oiseaux. Les cours d'eau sont bordés de peupliers, de saules, d'aulnes, de frênes et d'osiers ; ça et là, des ormes, des ailantes, des robiniers ou faux acacias, des arbres de Judée, etc.

COURS D'EAU. — Le territoire de Montjoux d'une surface de 1.833 hectares, est principalement arrosé par le Lez d'allure torrentielle, au lit caillouteux qui prend sa source à la Lance, arrose Teyssières, passe à La Paillette, à Montjoux, et s'échappe par le pittoresque défilé de la Mallaboisse où il chemine parallèlement à la route de Valréas, pour aller, après avoir arrosé de grandes plaines et parcouru 75 kilomètres, se jeter dans le Rhône, près de Montdragon, dans le département de Vaucluse ; des truites renommées vivent nombreuses dans ses eaux fraîches et vives.

Son principal affluent est la Vessanne, jolie rivière, bien encaissée, bordée, comme le Lez, d'opulentes oseraies, avec, ça et là, des peupliers et des saules de belle venue, qui descend du mont Miélandre, entre dans la commune après avoir arrosé la fertile plaine de Vesc et traversé une gorge pittoresque où elle est longée pendant quatre kilomètres par la route de Montjoux à Crupies.

Il convient de citer encore quelques torrents à sec la plus grande partie de l'année : le ruisseau de Combe-Barral, la Rialhe, Comberive, le ruisseau de Combe Lescour, de Rouville, qui prennent leur source au pied de la Lance ; la rivière de la Penne qui vient de Miélandre et arrose une vallée fort étroite, sinueuse, profondément encaissée, Combaurie, le joli ruisseau de la Combette aux bords agréablement ombragés.

ASPECT. — Les seuls terrains cultivés sont ceux qui avoisinent le Lez ou ses affluents formés de riches alluvions ;

ils sont d'une merveilleuse fertilité ; toutes les cultures, sauf le blé, y réussissent admirablement. En plein été, montagnes et vallées constituent une mer de verdure incomparable, un canton vraiment délicieux.

COMPOSITION GÉOLOGIQUE DU SOL. — Le sol de la commune, généralement formé de calcaires blancs tantôt compacts et rocheux, tantôt marneux et de consistance crayeuse, appartient au terrain crétacé supérieur (étage Turonien). Le calcaire est donc l'élément dominant de nos terrains ; cependant la plupart des terres sont terres franches, fort bien constituées, très propices aux cultures les plus variées. La région du Serre, du Devès, de la Platte et de Chovac comprend principalement des terrains silicieux, où poussent de plantureuses bruyères et des fougères aux feuilles finement découpées.

CLIMAT. — A l'altitude 480 mètres, avec des hauteurs avoisinantes ayant de 1.000 à 1.400 mètres, on comprend que le climat de la commune soit rude, aggravé encore par les courants glacials qui parcourent la vallée étroite et profonde ; l'hiver y est long et rigoureux, le thermomètre descend souvent à dix degrés au-dessous de zéro ; les chutes de neige y sont assez fréquentes sans toutefois être considérables. Le printemps est froid et pluvieux ; les gelées tardives, malheureusement trop répétées, y causent des dégâts fort graves. L'été est chaud et sec, mais court. L'automne est parfois pluvieux, souvent fort beau, les matinées et les soirées très froides, dangereuses pour les gorges et les poumons délicats.

Par son climat, et par la beauté de ses montagnes, la commune réalise les conditions les plus propres à une admirable station d'été.

Le caractère accueillant de la population, sa politesse native, sa courtoisie naturelle, la font sympathiser très vite avec l'étranger, qui, enchanté de son séjour, ne manque pas d'y revenir.

Excursions

L'étranger qui veut séjourner dans la commune, s'il a bon pied et jarret solide, pourra multiplier ses promenades ; de toutes les hauteurs le panorama est séduisant et l'air y est vif et pur, chargé des senteurs des pins, de la lavande et d'autres plantes odoriférantes.

Nous avons dit, à propos de la Lance, de quelle vue splendide on jouit une fois parvenu au sommet ; nous n'y reviendrons pas ; nous ajouterons seulement que le touriste sera surpris de trouver une petite source aux eaux glaciales, tout près de la cime.

Une excursion exigeant plus de temps et plus de peine, est celle qui mène au faîte de Miélandre, à une altitude de 1.450 mètres ; à vrai dire le panorama est moins vaste que celui vu de la Lance ; mais il est impressionnant, on découvre un chaos de hautes montagnes : Angèle, Couspeau, la Lance, et autres, avec de beaux ombrages sur leurs flancs, et séparées par d'étroits vallons au fond desquels coulent de petits torrents.

De nombreuses excursions, toutes intéressantes, peuvent se faire en deux ou trois heures, aller et retour compris.

Une visite au défilé de la Mallaboisse est tout indiquée. Le Lez y est resserré entre des montagnes abruptes et rocheuses à l'extrême, son lit est sauvage à souhait ; d'ici, de là, d'énormes rochers, descendus à la suite d'un éboulement considérable qui arrêta son cours pour un instant et dont le souvenir, très vague, il est vrai, est encore conservé.

Longeant la rivière, une belle route vous conduit à Valréas ; elle passe au pied du château-fort de Béconne, en ruine, mais encore intéressant ; les seigneurs qui l'habitaient autrefois appartenaient, comme ceux de Montjoux, à la puissante famille des de Vesc. En face de ce château, sur l'autre rive du Lez, situées sur une hauteur médiocrement élevée, sont les ruines du château féodal d'Alanson.

Si, au contraire, l'on remonte la vallée du Lez, on peut faire encore une excursion intéressante. On apercevra à quatre kilomètres de La Paillette, au bord d'une formidable falaise de rochers, tel un nid d'aigle, placé là autrefois pour surveiller les environs, le château d'Odeffred dont il ne reste que quelques ruines. Continuant notre route nous arriverons à Teyssières, au pied de la Lance, où nous remarquerons encore les ruines d'un château féodal qui couronne un rocher.

Un autre jour, l'excursionniste suivra la vallée étroite et sinueuse de la Vessanne, affluent du Lez, qui le mènera à Vesc, distant de cinq kilomètres de La Paillette ; le village, bâti sur le versant méridional d'une colline, domine une plaine circulaire vaste et fertile, et possède une rue du *XVIᵉ* ~~XIVᵉ~~ siècle fort curieuse. On y remarque deux enseignes gravées sur pierre et datées ; on lit sur la première : « *Vita brevis est, gloriæ cursus sempiternus* (la vie est courte et la gloire éternelle) 1591, F. B. » ; et sur l'autre : « *Initium sapientiæ timor Domini* (la crainte de Dieu est le commencement de la sagesse) ; puis : « *Bene vivere, bis vivere est* (1592) (bien vivre, c'est vivre deux fois) ». On ne manquera pas de s'intéresser à une enseigne d'apothicaire gravée sur pierre avec divers attributs.

Du village de Vesc on aperçoit, à un kilomètre et demi, une tour ancienne, reste probable de l'habitation primitive des seigneurs de la remarquable famille des de Vesc.

Les étrangers, amateurs de bicyclette, ou possesseurs heureux d'automobiles, auraient quelques jolis buts d'excursions relativement peu éloignés.

C'est Grignan où Mme de Sévigné a vécu assez longtemps avec sa fille, mariée en 1669, avec le comte de Grignan, gouverneur de la Provence ; l'on y admire les ruines d'un château, que l'on restaure à l'heure actuelle et qui fut l'un des plus remarquables de Provence ; l'une des façades, la façade des prélats, fut construite par le célèbre architecte Mansard en 1685. La statue de Mme de Sévigné s'élève sur une des principales places de Grignan.

A quelques kilomètres de là, dans la commune de Montjoyer on peut visiter la célèbre abbaye d'Aiguebelle, fondée en 1137, occupée par des Trappistes ; on y voit une église et un cloître intéressants de la seconde moitié du XIIe siècle.

C'est encore la forêt de Saou, admirable et pittoresque vallée enfermée de toutes parts par la double ligne de rochers escarpés de la montagne de Rochecourbe ; sur le trajet on ne manquera pas, en passant, d'admirer les belles ruines du château féodal de Bourdeaux, et ce qui reste de diverses constructions anciennes à Saou.

C'est enfin l'admirable gorge de Trente-Pas qui fait communiquer la vallée supérieure du Roubion et celle de l'Eygues ; la route est taillée dans le roc, passe sous de courts tunnels et longe le torrent qui descend en grondant au fond du défilé. Le même jour l'on peut parcourir la curieuse route desservant le petit village de Valouse, situé sur les flancs de Miélandre ; route étroite et sinueuse, tournants brusques, et sur une longueur de 3 kilomètres elle borde un torrent qui coule parfois à 60 ou 80 mètres de profondeur.

Productions du Sol

Nous avons dit plus haut que le sol de la commune est d'une merveilleuse fertilité et que les cultures les plus diverses y réussissent bien, sauf le blé et les autres céréales ; celui-ci, en effet, est très atteint des maladies que favorisent d'habituelles rosées abondantes ; son rendement est insignifiant, sauf de très rares exceptions comme 1916, où il fut remarquable ; on tend généralement à restreindre et même à abandonner sa culture.

Les prairies naturelles et les plairies artificielles, principalement celles de luzerne, sont d'un bon rapport ; elles se sont notablement étendues depuis quinze ans.

Les pommes de terre, les betteraves fourragères donnent de très abondantes récoltes. Les pommiers sont les seuls arbres fruitiers qui réussissent bien ; les châtaigniers aussi donnent un revenu assuré ; malheureusement peu à peu ces beaux arbres, tous fort anciens, tombent sous la hache du bûcheron, et aucune plantation n'est faite pour les remplacer ; c'est une négligence déplorable que nos successeurs regretteront. Les truffières naturelles ou cultivées produisent des truffes dont le parfum est si exquis qu'elles pourraient rivaliser avec celles du Périgord ; leur production malheureusement a une tendance marquée à ralentir. Pour l'instant, la récolte la plus rémunératrice est assurément celle de la lavande ; la production en essence s'est élevée, certaines années, jusqu'à 500 kilogrammes ; au prix de 30 francs le kilo, et même plus, on peut calculer quelle somme énorme elle amène dans le pays.

Les amandiers, les noyers autrefois si nombreux, aujourd'hui si délaissés, donnent des récoltes insignifiantes. En 1913, quatre sériciculteurs seulement ont élevé des vers à soie ; la production a été de 225 kilos de cocons.

LA PAILLETTE Vue générale

Au premier plan, le Lez, les digues, le Pont métallique — A gauche, l'Ecole — A droite, le Temple
Au fond, vallée de la Vessanne et montagnes de Vesc

Elevage

Les fermes sont convenablement peuplées de bestiaux, 40 chevaux ou mulets, très peu de bœufs, 2 ou 3 paires, beaucoup de porcs, 75 environ, et 800 moutons, brebis ou agneaux. Le nombre de chèvres, actuellement de 250, va en s'élevant parce que la vente des fromages blancs est facile et d'un excellent rapport ; cependant le fait est déplorable, car s'il est un animal dévastateur, destructeur acharné des jeunes pousses des arbres, c'est bien lui. Si nombre de régions d'Orient, la Grèce notamment, sont dénudées, dépouillées de leurs bois, si leurs forêts sont totalement anéanties, c'est aux grands troupeaux de chèvres qu'elles le doivent.

NOM DE LA COMMUNE. — M. Beretta, dans sa *Monographie de la Drôme et Dictionnaire étymologique,* établit que Montjoux signifie : Montagne des sapins, le mot celtique *jou* ayant la signification de sapin.

L'appellation paraît des plus justifiées, car le pin, sinon le sapin, y couvre totalement certaines montagnes. Si l'on s'en rapportait à l'état de choses d'aujourd'hui, le village de Montjoux répondrait mal à son nom ; il n'est pas bâti sur un mont, et les pins croissent assez loin.

C'est qu'en effet il faut chercher le village primitif loin de sa position actuelle ; de nos observations et de nos recherches personnelles, il résulte qu'il faut le chercher au lieu dit : La Tour, à la montagne de Ladret.

Chargé de diriger la construction d'une maison au Serre de Turc, nous dûmes faire établir un chemin pour faciliter le transport de la pierre à bâtir ; or, les travaux de terrassement, peu importants cependant, mirent à découvert un certain nombre de squelettes qui nous firent présumer que nous traversions un ancien cimetière. D'autre part, lorsqu'on eut enlevé les pierres superficielles on trouva des pans de murs parfaitement bâtis, restes de maisons écroulées de vieillesse, ou détruites. Des débris établissant que l'homme avait habité là, il y a fort longtemps, furent trouvés assez nombreux.

Si des fouilles sérieuses étaient entreprises, elles amèneraient très certainement la découverte d'autres objets. La proximité de deux sources indique aussi la probabilité de l'existence d'un centre d'habitation. L'endroit était d'ailleurs admirablement choisi ; par le Sud et le Couchant le village était à peu près inaccessible, tant la montagne est rocheuse et escarpée ; par le Nord et le Levant on y abordait, non sans peine, mais bien à découvert, aucun obstacle ne pouvait cacher l'assaillant.

Pour l'observation des environs la situation était incomparable ; on dominait la vallée du Lez et on commandait l'unique passage, les belles gorges de la Mallaboisse ; on surveillait sans peine le débouché des vallées de Teyssières, de Vesc et de Dieulefit. La montagne justifiait parfaitement le nom du village, elle est encore couverte surtout de pins et l'un de ses lieux-dits porte le nom caractéristique de : Les Pignes ; c'est-à-dire terrain planté de pins.

Le Montjoux actuel s'appelait le hameau de Saint-Etienne, nom qu'il portait encore pendant la Révolution de 1789 ; les Catinoux et la Tour constituaient comme un second centre qu'on désignait sous le nom de : Bâtie-la-Lance ; c'était, au Moyen-Age, un fief avec toute justice (1) qui appartint aux Poitiers et aux Montjoux ; Claude de Vesc la

---

1) Les justices seigneuriales étaient de trois sortes : la haute, la moyenne et la basse. La haute justice était celle d'un seigneur qui avait le pouvoir de faire condamner à une peine capitale, et de juger toutes les causes civiles et criminelles, excepté des cas royaux.

LA TOUR, près des CATINOUX

Au centre, partie élevée, tout ce qui reste d'une construction des seigneurs
de Bâtie-la-Lance

céda, en 1494, à Louis Alleman, de Champs, en compensation de droits que celui-ci avait sur Montjoux ; les Alleman le vendirent, vers 1540, à Claude de Bologne, seigneur d'Alançon, commune de La Roche-Saint-Secret ; en 1657, François de Bologne l'aliéna en faveur de Paul de Durand, sieur de Pontaujard (commune de Taulignan), avec la grange de Saint-Etienne, pour 3.500 livres. Il faut ajouter le hameau de La Paillette, aujourd'hui le centre le plus important de la commune, il possède la Mairie, une belle école et tout le commerce ; il est fort bien situé, au confluent du Lez et de la Vessanne, à la jonction des routes venant de Bourdeaux ou de Bouvières, et de Teyssières.

DEUXIÈME PARTIE

HISTOIRE

Epoque Préhistorique

La commune de Montjoux fut-elle habitée par l'homme préhistorique ? Aucun document, monument ou objet ne permet de l'affirmer ; sans doute d'assez nombreuses haches polies de silex ont été trouvées dans la région, mais aucun atelier de taille et de polissage, aucune station ou grotte n'a été découvert ou signalé.

Epoque Gauloise et Gallo-Romaine

Notre commune faisait partie des territoires Voconces, célèbre tribu gauloise qui avait deux capitales : Vaison et Luc. Les Voconces, hommes énergiques, essentiellement pasteurs et laboureurs, habitaient les hautes vallées de la Drôme, de l'Eygues et de l'Ouvèze, les régions bien connues sous le nom de Vercors, Diois et Baronnies.

Comme le reste de la Gaule, notre territoire passa sous la domination romaine ; fut-il effectivement occupé ? On ne peut l'affirmer d'une façon absolue ; certains indices permettent de l'admettre. En parlant du Montjoux primitif, nous avons dit que quelques objets découverts dans des ruines, quelques pièces de monnaie romaine trouvées çà et là, peuvent le laisser croire ; avec le voisinage d'un centre romain important comme le Pègue, il est assez admissible que la commune ait été habitée ou tout au moins parcourue par les Romains.

Epoque Mérovingienne et Carlovingienne

De quels événements le village de Montjoux a-t-il été le théâtre pendant les siècles où les Mérovingiens et les Carolingiens ont présidé aux destinées de notre pays ?

Les documents connus nous laissent dans l'ignorance absolue ; il faut arriver à l'époque féodale pour trouver la trace de quelques événements intéressants concernant les seigneurs.

Premiers temps de l'Epoque Féodale

Les archives de la commune, conservées à la Mairie, ne remontent pas au-delà de 1496 ; nous en sommes réduit pour l'époque antérieure à cette date, à prendre pour guide M. Lacroix, archiviste de la Drôme.

Les documents, fort rares, paraît-il, et fort incomplets, ne permettent pas de se rendre clairement compte des faits.

D'abord, en remontant au temps des Capétiens, il est rare de trouver un seigneur unique pour la commune ; fréquemment ils y sont plusieurs et ne possèdent pas des parties égales du fief ; l'un, par exemple, le quart, l'autre la moitié, etc. ; les difficultés sont inextricables pour suivre les diverses familles qui avaient une part de suzeraineté ; de plus des mutations assez fréquentes font passer ces parts de seigneurie d'une famille à une autre.

Pour Montjoux, la famille la plus puissante, celle qui a joui d'un éclat mérité et incontestable, est celle des de Vesc, dont le nom provient d'un village voisin, son berceau d'origine ; mais là encore le nombre de branches a été fort grand, et M. Lacroix, comme d'autres avant lui, paraît s'être égaré quelquefois en établissant la filiation de nos seigneurs.

Au XIIe siècle, les Montferrand, propriétaires à Pierrelatte, reçoivent les droits seigneuriaux de Montjoux de Reymond Béranger II et de Reymond Béranger III, comtes de Provence.

Cependant il paraît établi qu'au même siècle la terre de Montjoux appartenait aux Isoard. Quelle était la part de seigneurie de chacune de ces familles ? Se sont-elles succédé, ou ont-elles existé simultanément? Autant de points qui ne paraissent pas avoir été éclaircis.

De même un correspondant nous affirme que les de Chabrillan, de Sade, de Priam, soit par leurs femmes, soit par eux-mêmes, l'ont possédée ; toutefois M. Lacroix n'en dit rien et nous n'avons rien trouvé qui l'établisse ; il n'y aurait rien d'impossible, car la hiérarchie féodale comprenait plusieurs échelons, si, comme il est certain, ils n'étaient pas seigneurs résidants, ils pouvaient être suzerains de la seigneurie au premier, au deuxième, ou au troisième échelon.

D'après certains auteurs, la terre de Montjoux passa, par mariage, des Isoard à la célèbre maison des Baux, puis, à la suite de mutations successives elle arriva, vers 1334, aux de Vesc.

Cela se concilie mal avec ce qu'en dit l'abbé Robin ; d'après celui-ci, Guy de Vesc, seigneur de La Bâtie-de-Vesc, de Montjoux, de Dieulefit, de Béconne, de Caderousse, au milieu du XIIe siècle eut deux fils :

Dalmas qui possédait, en 1190, de grands biens à Orange, à Nyons, à Marsanne et à Chabrillan ;

Et Hugonin de Vesc, chevalier, seigneur de Montjoux,

de Béconne, coseigneur de Vesc, qui se maria, le 6 février 1170, avec Doucine Alleman, dame de La Bâtie-Blacons (vallée de Béconne et de La Roche-Saint-Secret) ; il fit, vers 1180, le voyage de la Terre-Sainte.

A son tour, cet auteur est en désaccord avec M. Paul de Faucher, membre de la Société française d'Archéologie, qui avance que Hugonin de Vesc figurait en 1096, à la première Croisade, commandée par Godefroy de Bouillon, mais dont le chef spirituel était Guillaume Hugues Adhémar, légat du pape.

« Hugonin, dit l'abbé Robin, eut pour fils, Armand de Vesc, chevalier, seigneur de Montjoux, de Béconne et de Blacons qui se maria en 1212, avec Marguerite de Liba et eut pour fils :

« Hugonin qui forma la première branche de Béconne, il reçut en partage Béconne et Baume-la-Lance (commune de Béconne), et Alméric qui hérita de Montjoux, avec l'approbation de Draconnet de la baronnie de Montauban, son suzerain, qui l'exempta, lui et ses hommes, de tous droits de péage et de leyde. (1)

« Il eut plusieurs enfants : Hugonin, hérita de la seigneurie de Montjoux ; Dalmas, forma la branche des de Vesc, seigneurs de Comps et de Dieulefit. »

Il est certain, toutefois, qu'à cette époque, à côté des de Vesc, il existait à Montjoux des seigneurs de même nom.

« Un acte de 1322, portant cession, par Henri, frère du dauphin, baron de Montauban (près du Buis-les-Baronnies) à Aimar de Poitiers, fils du comte de Valentinois, de ses droits féodaux sur Montjoux... eut pour témoins Guillaume

---

(1) Droits de leyde. — C'étaient des droits que payait tout ce qui se pesait ou se vendait à la pièce, depuis la paille jusqu'à la viande ; les jours de foire et de marché ces droits étaient doublés.

de Vesc ; Richard, seigneur de Montjoux ; Humbert de Laye ; Nicolas de Saint-Ferréol, seigneur de Teyssières ; Isnard de Vesc ; François de Montjoux.

« Pareille charte expliquerait l'hommage rendu, le 19 septembre 1331, par Aimar de Poitiers, à Guigues, Dauphin, pour la moitié de Taulignan, Pontaujard, et une portion de territoire tenue au-delà du Lez, vers la Lance, par les héritiers de feu Pierre de Montjoux, et des hommages ultérieurs de 1334 par les mandataires d'Aimar de Poitiers, et de 1381, par Louis de Poitiers, fils d'Aimar.

« Ici nous trouvons une preuve nouvelle de la complication du rouage féodal. Les Dauphins, comme héritiers des Montauban, sont les suzerains de Montjoux ; au-dessous d'eux se placent les comtes de Valentinois, et enfin les seigneurs de Vesc, vassaux des Poitiers, puisque, en 1345, Isnard et Arnaud de Vesc leur prêtèrent hommage.

« Pierre de Vesc reçut, des Adhémar, leurs droits sur Espeluche, en 1328 ; un de ses enfants, Alméric, laissa Pierre, Isnard. » (Lacroix.)

Quinzième Siècle

« Pierre, seigneur de Montjoux, épousa Césarie d'Urre, qui lui donna Pierre et Rostaing, lequel, vers 1430, épousa Delphine Arnaud.

« La fille unique de Claude s'unit avec Dalmas Bérenger ; Rostaing lui succéda et testa, en 1451, en faveur de Claude, Pierre, et Aymar, évêque de Vence, ses fils. » (Lacroix)

Cette filiation est des plus contestables, car dans la donation que fit, en 1466, Philippine de Vesc, à Pierre, frère de Claude, cette Philippine se dit cousine germaine de Rostaing, or elle est fille de Pierre de Vesc et de Catherine Rolland. Il paraît peu probable que le père de Rostaing se nommât Pierre, car alors, dans la même famille il y aurait eu deux frères portant le même prénom de Pierre.

« On ne connaît pas la filiation de Guillemette de Vesc, veuve de François Alançon, de Taulignan, qui le 4 mai 1443, aliéna ses biens de Montjoux, en faveur de Raymond Dalmas, de Dieulefit, pour 30 florins. Cet acquéreur n'étant pas noble, paya 2 sols viennois au clavaire de Montélimar pour son incapacité ; et reconnut le domaine direct du Dauphin ; puis, onze ans plus tard, il rétrocéda ses droits à Aimé Alleman, seigneur de Champs, moyennant 20 florins.

« Quant à Claude de Vesc, fils de Rostaing, il transigea, en 1478, avec Guy Alleman, pour la seigneurie de Béconne et céda à Pierre, son frère, les biens de Valréas et les fiefs de Béconne et de Baume-la-Lance.

« Il eut à soutenir un procès contre Louis Alleman, seigneur de Champs et de Taulignan, au sujet de la juridiction et des censes de Montjoux, dont il se prétendait seul seigneur, comme ses ancêtres. L'adversaire invoquait une acquisition de la sixième partie de la juridiction, pour 80 florins, faite le 16 juin 1451, par Aimé Alleman de Luquet de Poitiers, seigneur de Rousset, héritier d'Hynier, seigneur d'Oddefred (commune de Teyssières), de Michel et Maximin de Sainte-Jalle, oncle et neveu, et, en 1453, de Raymond Dalmas.

« Gaucher Adhémar, seigneur de Grignan ; Marmet Claret, seigneur de Treschenu ; Jacques de Monteynard, seigneur de Monteynard ; Antoine d'Urre, dit Cornilhan, seigneur de Monteynard ; Antoine d'Urre, dit Cornilhan, sei- d'Espeluche, et Millet de Bologne, seigneur d'Alanson, nommés arbitres du différend, décidèrent que Louis Alleman recevrait à titre d'indemnité La Bâtie-de-Leuffre avec ses territoires et juridiction ; qu'il aurait droit de pâcage, glandage (1) et abreuvage de son bétail sur le territoire de Montjoux ; que Claude de Vesc jouirait des mêmes avantages sur le territoire de Bâtie-la-Lance, sans abus, et que l'un aurait droit de bûcherage (2) sur le territoire de l'autre et réciproquement, mais pour leur usage seul. »

En 1496, une importante transaction sur procès survient entre Raymond de Vesc, seigneur d'Espeluche et coseigneur de Vesc ; Pierre de Vesc, seigneur de Comps ; pour eux, pour l'évêque de Valence, suzerain des seigneurs de Vesc, et les autres coseigneurs de Vesc, absents, Baron, consul de Montjoux, Guinard, Marcon, Turc, Etienne, et Laurent Morin, habitants du lieu, autorisés par leur seigneur, Claude de Vesc, portant reconnaissance des limites séparatives des territoires de Vesc et de Montjoux.

---

(1) Droits de glandage — droits de ramasser les glands, ou d'envoyer des animaux dans les bois pour les y rechercher et les manger sur place.

(2) Droits de bûcherage — droits de couper des arbres, de les débiter en buches.

Le CHATEAU, vu de Montjoux (Au premier plan, le Lez)

Les bornes en sont ainsi désignées : la première en pierre est près du ruisseau de la Penne ; la deuxième dans le chemin de la Penne ; la troisième en l'adrech de la Penne ; la quatrième sur un tertre ; la cinquième en Feyssoles, près d'un rocher. (30 octobre 1496.)

Le Château

C'est vers la fin du quinzième siècle qu'a été élevé le château de Montjoux ; il n'est pas établi, comme la plupart des forteresses féodales, sur quelque escarpement difficilement accessible, tel un nid d'aigle, d'où l'on peut surveiller de loin les environs. Situé légèrement à flanc de coteau, à l'orée de beaux bois, autrefois une plantureuse futaie, il domine la route de Dieulefit à La Paillette, et borde une délicieuse petite combe, la Combette, dont la fraîcheur et les ombrages sont exquis pendant la saison chaude.

D'aspect massif, trapu, il n'a cependant rien de menaçant et de belliqueux ; il n'a jamais été le repaire de brigands féodaux, tels que les Coucy ou autres ; il apparaît plutôt comme la luxueuse demeure d'un seigneur qui se plaisait à vivre en paix avec ses voisins.

Rien ou peu des forteresses féodales, pas de ponts-levis, de fossés, de créneaux, d'avant-corps, de machicoulis, quelques rares meurtrières, les fenêtres, cependant, toutes solidement ferrées.

Bien conservé, il comprend une partie principale orientée du Nord au Sud, deux ailes font retour, regardant l'Est, reliées à leur extrémité par un mur de soutènement bordant le ruisseau de la Combette. Une cour assez spacieuse se trouve ainsi enclose, bien exposée au levant, avec une agréable fontaine au milieu.

La façade principale regarde cette cour ; elle comprend une partie habitée par les maîtres et l'autre par les domestiques, toutes les pièces en sont voûtées ; six fenêtres, style renaissance, s'ouvrent sur cette cour, elles sont admirablement sculptées ; la pierre est fouillée, ciselée, ornementée à plaisir.

On accède au premier étage par un large escalier ; on y admire la grande salle des fêtes, ornée, comme d'ailleurs toutes les chambres, d'une cheminée monumentale.

A l'extrémité de l'aile sud du château est élevée une chapelle qui n'a peut-être jamais été achevée ; elle est d'un pur style flamboyant ; l'intérieur est voûté, et les voûtes laissent apparaître en saillie de légères et élégantes nervures.

La façade ouest, dominant la route, est précédée de deux terrasses d'où l'on a une vue superbe sur l'étroite mais riche vallée du Lez, sur le massif imposant de la Lance et des montagnes environnantes. A l'angle sud-est de la terrasse la plus élevée, existait naguère une tourelle dont quelques meurtrières subsistent encore, mais dont la partie supérieure a été rasée.

La construction de ce beau château renaissance date de la fin du quinzième siècle. Dans une courte notice en date du 23 novembre 1902, que nous avons sous les yeux, M. Paul de Faucher, membre de la Société française d'archéologie, associé des académies d'Aix et de Vaucluse, pense que l'auteur en est Etienne de Vesc ; et voici résumées les raisons invoquées à l'appui de sa thèse. Il fallait, dit-il, être riche et très grand seigneur pour se faire construire une pareille demeure, luxueuse, grandiose, en belles pierres de taille. Les châteaux qu'il fit ériger, et qui sont connus, notamment à Grimaud, sur le bord de la mer, à Saint-Hippolyte dans le Comtat, sa chapelle à Caromb, rappellent trop le luxe et le style de celui de Montjoux, pour que sa construction soit attribuée à un

CHATEAU DE MONTJOUX

Construit au XVme siècle — Façade ouest; et, à gauche, façade nord

autre qu'à ce personnage. D'autre part la chapelle qui l'accompagne rappelle les restes du splendide mausolée qui se trouvait dans l'église de Caromb (Vaucluse) où ce seigneur s'était fait construire son tombeau, et où l'on rapporta son corps lorsqu'il mourut à Naples en 1500, où il était vice-roi.

Pour plausibles que soient ces raisons elles n'en sont pas moins erronées. Toutefois, c'est bien un membre de la riche et puissante famille féodale des de Vesc qui en est le constructeur ; la preuve se trouve irrécusable dans un extrait du testament de Claude de Vesc, seigneur de Montjoux, qui nous a été fort obligeamment communiqué par M. le marquis de Carmejane-Vesc, descendant précisément des de Vesc, branche de Béconne et dont la famille possède l'original de ce testament.

Voici, tantôt littérales, tantôt résumées, quelques dispositions de ce testament, avec l'orthographe de l'époque :

« Au nom du Seigneur ainsi soit-il. A tous présents et advenir qui verront, liront et oiront ce présent, vray et publicq instrument, soït notoire que l'an à la nativité nostre Seigneur mil quatre cents nonante huict et le premier jour du mois de janvier, très chrestien prince Charles par la grâce de Dieu Roy de France, Dauphin de Viennois, conte de Vallentinois et Dyois heureusement régnant, en présence de moy notère publicq et tesmoings soubs escripts, personnellement establi noble Claude de Vesc seigneur du lieu de Montjoux diocèse de Die, lequel sain d'esprit, sens et entendement par la grâce de dieu...

. . . . .

a fait son dernier testament nuncupatif (1)... *en la manière que s'ensuit : Premièrement ayant faict le signe de la croix en disant : au nom du père, du fils et de Saint-Esprit amen...*

---

(1) Testament nuncupatif - testament qui a été dicté en présence de témoins.

Suivent un certain nombre de dispositions pieuses dans lesquelles est insérée la disposition relative à sa sépulture, qui est ainsi conçue :

« et à son dict corps a esleu sépulture en l'église perrochielle de Sainct Estienne de Montjoux. »

. . . .

Item a donné et légué à noble Nézette de Urre sa bien aymée femme pour les services qu'elle luy a faict et pour les travaux et soing qu'elle a heu de la maison, deux trenteniers d'avès (brebis et moutons) menu lanud bon et recepvable et six vaches bonnes et recepvables, et ce, oultre les juments qu'il luy a donné, etc.

. . . .

Item a donné et légué lediot testateur par droict d'institution à révérends messieurs Aymar, évesque de Vence et à Jean évesque d'Ages (Agde), ses frère et fils, et à chacun d'heux communément assavoir l'usuffruict de tous ses biens qui existeront du temps de sa mort...

. . . .

Item a donné... à vénérable et religieux homme frère Claude de Vesc, son fils, prieur de Bourdeaux, diocèse de Dye, de l'ordre de Saint Benoict, cent florins monnoye courant...

. . . .

Item a donné... à noble Pierre de Vesc son fils... prothonotaire et chanoine de l'église cathédrale de Vallence, cent florins, monnoye courant...

. . . .

Item a donné... à noble Aymar de Vesc son fils... mil florins monnoye courant...

Item a donné... à noble Christofle de Vesc son fils... mille florins, monnoye courant...

. . . .

Item a donné... à noble Madeleyne de Vesc, sa fille... femme de noble Pierre Gandelin (ou Gaudelin), sieur des Pilles, un florin...

. . . .

Item a donné... à noble Claire de Vesc, sa fille... femme de Messire Jean Nicolas, docteur en droicts conseilliés du Roy, un florin...

Item a donné... à noble Louyse de Vesc, sa fille... femme de noble Bertrand de Marcio... un florin...

. . . .

. . . .

« *Faict et récité en la forteresse neufve de Montjoux, en la chambre où couche ledict testateur, y présent agrégé, mons^r Jean Giraud licentié en droicts, Maistre Guilleaume Cheylain, prebstre curé de la Rochebaudin, Maistre Barthélemi, Clidol prebstre, Etienne Armand, Antoine Trambleye, Claude Menjon et Mathieu Gensane de Béconne, témoings à ce appelés et moy Pierre Monier, habitant de Dieulefit, notère appostolicq et dalphinal qui ay esté présent avec lesdicts tesmoings...*

« *Je me suis icy soubzsigné de ma main propre et signet accoustumé en foy des choses susdictes.*

« *Signé : P.* MONIER*, notère.* »

Nous trouvons dans ce testament la preuve irrécusable que Etienne de Vesc, qui ne fut jamais seigneur de Montjoux, n'a pas été le contructeur du château, que ce mérite paraît devoir être attribué à peu près en toute certitude, à Claude de Vesc, lui-même.

Etienne de Vesc

C'est un très grand personnage, un fort puissant seigneur du xve siècle, dont l'histoire dit peu de chose parce que Commynes, le principal chroniqueur de cette époque, était son ennemi et a entouré son nom du plus complet silence.

L'abbé Robin, dans sa notice sur Dieulefit, note que dans l'inventaire des papiers du château de Béconne il est une pièce où il est qualifié de cousin de noble Pierre de Vesc, seigneur de Béconne ; il paraît être le fils de Raymond de Vesc, seigneur de Comps et coseigneur de Dieulefit, mais né hors mariage.

Le même auteur pense que Etienne de Vesc dut s'attacher à Louis XI lorsque ce prince, encore dauphin, vint dans le Dauphiné et à Dieulefit, et qu'il passa, à la mort de ce roi, au service de son fils Charles VIII. Celui-ci prit en haute estime le brillant seigneur, le nomma sénéchal de Beaucaire et de Nîmes et en fit l'un de ses principaux ministres. C'est sous le titre de sénéchal et de chambellan du roi qu'il prit la part la plus active au gouvernement de la France et à la conquête du royaume de Naples, avec un autre Dauphinois, non moins illustre, le brave Bayard, le chevalier sans peur et sans reproche ; il portait l'épée de connétable à l'entrée de Charles VIII à Naples. Il fut royalement récompensé : il reçut les duchés de Nôla et d'Avellino, les comtés d'Ascolé et de Tripalda au royaume de Naples. Laissé au gouvernement de Gaëte par Charles VIII, il ne rentra en France qu'après la défaite des derniers défenseurs de Naples.

Il retourna encore en Italie avec Louis XII qui le nomma vice-roi de Naples où il mourut en 1500 et non en 1501 comme il est dit parfois, à preuve que son fils Jean de Vesc prêtait serment le 3 janvier 1501, pour la terre de Châteauneuf-de-

Mazenc. On rapporta son corps en France et il fut inhumé dans l'église paroissiale de Caromb (Vaucluse), où il s'était préparé, derrière un autel, son tombeau et celui de son épouse Anne de Courtois, dans un splendide mausolée en marbre blanc.

Etienne de Vesc fut un des plus riches personnages de son temps ; outre son château de Caromb dévasté en 1792, il en posséda en outre à Grimaud (Var), sur le bord de la mer, à Saint-Hippolyte dans le Comtat ; il avait d'importantes propriétés aux alentours de Paris ; il fut premier président de la Chambre des Comptes, baron de Grimaud, de Châteaurenard, de Châteauneuf-de-Mazenc, de Caromb, de Saint-Hippolyte, et seigneur de Châteauneuf et de Suzette dans la principauté d'Orange.

Armoiries des Seigneurs de Montjoux

L'on sait que la plupart des grandes familles adoptent, pour se distinguer, des emblèmes divers, avec signes variés, devises ; c'est ce qu'on entend par les armoiries ; les descendants de la noblesse d'autrefois les ont, en général, conservées jalousement.

La puissante famille féodale des de Vesc avait les siennes ; nous nous faisons un plaisir de les reproduire ; nous en devons la communication et la description à la très aimable obligeance de M. le marquis de Carmejane-Vesc, dont nous avons déjà eu l'occasion de citer le nom.

On doit les énoncer ainsi : palé d'argent et d'azur de six pièces au chef d'or.

Supports : deux lions.

Devise : *Pas une ne m'arreste.*

Les armoiries que nous reproduisons sont peintes au bas d'un parchemin contenant le jugement contradictoire de noblesse, rendu en faveur de Pierre de Vesc, sixième aïeul de M. le Marquis de Carmejane, le 30 septembre 1641, par

Armoiries des de Vesc

Alexandre Sève, conseiller du roy, intendant de la justice, police et finances en Dauphiné.

Le casque surmonté d'une couronne et d'un lion, et accompagné de feuillages sont des acessoires ; quant aux bannières portant un château à trois tours, elles ont une histoire : à la bataille de Varey, 1325, *où il fut tué*, un Pierre de Vesc combattant sous les ordres du dauphin Guigues VIII qui remporta brillamment la victoire sur les Savoyards, escalada le premier les murs du château ; à la suite de cet exploit le dauphin permit à ses successeurs de porter un château sur leur bannière.

Notons que, vu les nombreuses branches des de Vesc, il n'a pas été possible encore de déterminer comment les seigneurs de Montjoux descendaient de ce Pierre de Vesc, dont il est question ci-dessus.

Lorsque la seigneurie de Montjoux fut vendue en 1624, elle fut acquise par Esprit de Rigot, les armes de cette famille sont : d'azur à trois bandes d'argent, celle du milieu chargée de trois alérions de sable.

Seizième Siècle

LA RÉFORME — GUERRES DE RELIGION

Le 23 mars 1511, Antoine de Vesc, écuyer, seigneur de la Penne et Montjoux, transigea avec les habitants de cette dernière terre au sujet des ramières du Lez, du pacage du bétail, du glandage, du bûcherage, et de la dîme des raisins.

« Marié d'abord avec Jeanne de l'Auberge, fille d'Antoine et de Louise de Montagne, dame de Saint-Thomé, il épousa en secondes noces Catherine Bérenger de Morges. Parmi ses enfants, Louis s'établit à Rousset et fut tué au siège de La Mure, et Pierre posséda Montjoux. Il passa presque toute sa vie dans les camps et laissa de Charlotte Astoaud ou Astard, un fils et une fille, Jean et Marie. »

Jean embrassa la Réforme et l'imposa à ses vassaux ; les archives de la commune, contiennent en latin, l'inventaire des biens et revenus qu'il percevait chaque année, et qui est intéressant à tous égards. En voici la traduction :

« *INVENTAIRE des biens revenus que chaque année perçoit et a coutume de percevoir le noble Jean de Vesc, comme fils et héritier universel du noble et puissant homme Antoine de Vesc, seigneur de Montjoux, du diocèse de Die.*

« *1° Tous ceux qui sont ici présents et les hommes qui vivront après eux reconnaîtront la teneur de ce document que possède, tant par la coutume du pays que de droit le noble Jean de Vesc. C'est en vertu aussi d'un bail perpétuel.*

« *2° Il accepte et reçoit pour lui et ses héritiers les propriétés, butins, foyers, droits de fournage, terres labourables appartenant aux personnes habitant ledit lieu.*

« *Il devra percevoir chaque année et à perpétuité comme contribution des mesures de froment et de plusieurs autres grains ainsi qu'une certaine somme d'argent.*

« *Les habitants auront à fournir pour la fête de la Noël une quantité de volailles ou de fruits, à leur convenance.*

« *3° Tous les lieux où s'exercera sa juridiction auront à répondre en sa curie et faire moudre leur blé et autres grains comestibles au moulin de Montjoux et payer le droit de moulinage.*

« *Tous les sujets devront travailler à améliorer leur propriété. Ils ne pourront les vendre ou les léguer à leurs héritiers.*

« *4° Les personnes présentes sont tellement convaincues de la teneur de ce document qu'elles se sont engagées à ne jamais contrevenir et ont promis de toutes leurs forces d'en garder le dépôt.*

« *Ils se sont soumis eux et leurs biens aux forces et rigueurs en même temps qu'à la défense et aux privilèges des sceaux des curies de la personne souscrite, des dauphins Adhémar de Monteil, Arnaud de Crest, Cabéol de Saint-Marcellin de la vénérable curie du Parlement de Grenoble. Ont encore promis leur protection les seigneurs spirituels et officiels de Die, de Valence et de Vienne.*

« *5° Telle est la teneur de ce document.* »

Quel fut le sort de notre commune pendant les longues luttes religieuses qui désolèrent la France au seizième siècle ? D'après le nombre de protestants comptés au moment de la révocation de l'Edit de Nantes, l'on peut juger que la Réforme avait été bien accueillie à Montjoux. L'esprit de simplicité et de bon sens qui animait les montagnards dauphinois leur fit embrasser facilement la nouvelle religion qui prêchait le retour à la vie simple et libre de l'Eglise primitive.

Les habitants purent aussi être entraînés par l'exemple de leur seigneur Jean de Vesc, qui, de bonne heure, se convertit au protestantisme, et se jeta avec vigueur dans les guerres religieuses.

Notre région du Bas-Dauphiné fut parcourue en tous sens, et ensanglantée par de redoutables chefs de bandes : le baron des Adrets, Lesdiguières, et notamment Dupuy-Montbrun, qui s'empara de Dieulefit et y vint plusieurs fois.

Le lieutenant-général du Dauphiné était La Motte-Gondrin, il vint s'installer à Valence pour lutter contre les Réformés du Valentinois ; mais ceux-ci aidés par le baron des Adrets, le surprirent et, après l'avoir massacré, pendirent son cadavre à une fenêtre de sa demeure ; Jean de Vesc, seigneur de Montjoux, avait pris une part active à ce tragique événement ; c'est lui qui « luy tira un grand cop d'estoc contre le costé qui le perça d'oultre en oultre » lorsqu'il eut été désarmé. Quelques jours après il accompagna le baron des Adrets à Lyon. Il fit partie de l'expédition de son beau-frère Blacons dans le Forez et le Velay ; il devint gouverneur de la Chaise-Dieu après la prise de cette ville par les Huguenots. Les catholiques reprirent la Chaise-Dieu, s'emparèrent du gouverneur qu'ils menèrent à Rioms (1564), il fut retenu jusqu'à la fin de décembre et échangé contre un secrétaire du duc de Guise que les protestants avaient fait prisonnier.

Il revint à Montjoux, repartit en guerre, et, d'après de Thou, il périt dans une embuscade aux environs de Fay en Vivarais, dont il voulait s'emparer, en 1573.

En 1563, les protestants de Montjoux prirent une délibération réflétant bien l'esprit d'intolérance de cette malheureuse époque et qui laisse prévoir leur nombre et leur force ; elle tendait à nommer un délégué pour aller prier le comte de Vieilleville, maréchal de France, probablement gouverneur du Dauphiné, d'ordonner que l'exercice du culte catholique ne fût plus souffert dans la commune, afin d'éviter tout trouble, et pour lui demander qu'il leur fût permis de se saisir des dîmes et revenus du prieuré ; il ne fut pas donné satisfaction à ce vœu qui tendait à violer les droits des catholiques.

Dix-Septième Siècle

LE CHATEAU ET LA COMMUNE

A partir du dix-septième siècle, pour éviter de mêler des faits très dissemblables, ayant souvent très peu de rapports entre eux, notre récit se bornera à l'histoire du château et de la commune dans leurs rapports réciproques, nous réservant de développer quelques points spéciaux dans des chapitres distincts.

Les graves troubles qui éclatèrent dans toute la France, lors des guerres de religion, eurent sans doute leur répercussion à Montjoux ; ici, comme ailleurs, on dut souffrir des pillages commis par les bandes catholiques ou protestantes, mais aucun document dans les archives ne permet de donner des précisions.

On sait seulement qu'en 1621 on paie 12 sols à un « exprès » envoyé à Bourdeaux, auprès de M. de Montbrun pour lui demander une sauvegarde et se plaindre des désordres commis par M. de Teyssières.

En 1630, on adresse une requête au Parlement pour être autorisés à s'imposer de 700 livres destinées à payer les dépenses des gens de guerre ; c'était là une lourde charge pour une aussi faible et aussi pauvre commune.

Jean de Vesc, seigneur de Montjoux, était décédé, nous l'avons dit plus haut, en 1573, sans enfant ; sa sœur Marie, femme de Pierre de Forez-Blacons, hérita de ses biens et se qualifia dame de Montjoux.

Deux de ses fils, Jean et Hector de Forez, prirent également le titre de seigneurs de la même terre.

Relativement à Pierre de Forez on sait qu'il fut capitaine de 300 hommes à pied, sous Montluc, en Italie ; il se distingua pendant le siège de Sienne. Rentré dans ses foyers, il fut des premiers à se joindre à Montbrun quand celui-ci, au nom de la Réforme, leva l'étendard de la révolte dans le Bas-Dauphiné.

Claudie de Gérente, veuve de Jean de Forez, plaida en 1607, contre les Consuls qui l'avaient appelée en garantie d'un bail des revenus du prieuré que leur avait passé son mari défunt Jean de Forez.

Un procureur de Grenoble chargé de suivre l'affaire écrivit aux Consuls la lettre suivante :

« Ayant veu vos papiers cheux M. Robert, votre advocat, j'ay trouvé que M. Jean Baudran, prieur moderne, vous ayant fait appeler pardevant la Cour à luy randre et restituer les fruicts de son prieuré qu'il supposait avoir esté prins et perceus par aulcuns particuliers et les habitants de vostre lieu durant quelques années que ledit prieuré fust vacant... J'ai trouvé dans vostre sac un extrait d'arrentement que feu Jean de Forest, comme procureur de M. Barnabé Chapius, précédent prieur, avoit passé aux Consuls des dismes et taches pour 3 ans et 270 écus... sur lequel vous voulliez fonder vos moyens de garantie contre M. de Forests..., mais il vous fault prendre garde que sa femme n'y est en rien nommée et comprise et partout que vous debvez seulement agir contre son mari ou ses héritiers. 8 avril 1607. »

« Nicolas de Vesc, seigneur de Saint-Thomé, se fit adjuger la terre de Montjoux par le parlement de Grenoble en vertu de la substitution stipulée dans le testament de Claude de Vesc, son bisaïeul. En 1619 il était appelé avec le prieur, par les Consuls du lieu, à concourir aux réparations défensives contre la rivière le Lez », les Consuls estimaient que le seigneur et le prieur, à cause des droits du 12me sur les fruits et du 24me sur les vignes, devaient y contribuer après expertise.

« Françoise de Lérisse, veuve de Nicolas de Vesc, réclama, en 1623, le paiement des dommages causés à son château, en 1621, pendant que les habitants en avaient la garde. »

Sa fille Françoise de Vesc de Saint-Thomé, intenta longtemps après à Esprit de Rigot, un procès au sujet de la seigneurie de Montjoux ; elle avait fait profession chez les Ursulines du Bourg-Saint-Andéol, en 1633. Dans l'espoir de recueillir les successions de son père et d'un frère, au moyen de substitutions antérieures, elle se fit enlever et épouser par le baron de Lestrange ; elle perdit, la même année, son procès et son mari, et se remaria avec Charles de La Garde, sieur de Chambonas, après s'être fait relever de ses vœux. Comme elle avait repris son procès contre M. de Montjoux, elle fut déboutée en appel par le parlement de Grenoble.

« Puis, afin de désintéresser les créanciers de la seigneurie, cette même veuve la fit exposer aux enchères à Montélimar, le 23 août 1624.

Nouvelle Famille Seigneuriale

« Esprit de Rigot en offrit 33.000 livres le 6 septembre 1625, et céda la coseigneurie de Vesc pour 2.910 livres à Charles de Vesc, seigneur de Comps. »

L'acquéreur, originaire de Crupies, avait été anobli, en 1603 ou en 1604, par lettres enregistrées le 14 novembre 1606 et le 3 avril 1637, confirmées le 20 septembre 1634. Il avait rendu de grands services militaires, et comme exempt des gardes du corps, avait même sauvé la vie d'Henri IV. Sa maison posséda la seigneurie et le château de Montjoux, portant les titres de Comte et de Marquis de Montjoux.

César, son fils, épousa vers 1650, la fille de Charles de Vesc, seigneur de Dieulefit ; il rendit hommage en 1645 et testa en 1678. Il laissa de Suzanne de Vesc, de Comps : 1° Charles ; 2° Mary, sieur de La Paillette ; 3° Jean François, sieur de Saint-Etienne, cornette de cavalerie, et quatre filles. »

De 1640 à 1442, il soutint un procès contre Abel Barjot, consul de Montjoux ; il demandait à ce dernier de lui reconnaître pour droit de fournage une émine de blé et une journée d'homme ; Barjot soutenait n'avoir jamais payé que le quart d'une émine.

En 1646, César de Rigot entame encore un procès contre Barjot, pour obtenir le paiement de la moitié des frais des sentence et arrêt de 1640 et 1642.

Le même seigneur, en 1645, plaide contre les habitants de Montjoux en exécution de l'accord de 1511, au sujet des ramières du Lez, du pacage du bétail, du glandage, du bûcherage et de la dîme des raisins.

Révocation de l'Edit de Nantes

Les rigueurs de Louis XIV contre les protestants, les persécutions de toutes sortes dont il les accablait firent éclater une vive agitation parmi ceux de notre région, vers la fin de 1678 et le commencement de 1679 ; il se tint des réunions tumultueuses, des conciliabules la nuit. Des dragons sont envoyés dans la région, notamment à Dieulefit, où ils commettent des excès, ils rançonnent les habitants, les forcent, en les menaçant, à leur donner à boire et à manger.

Les dragons partis, les protestants se soulèvent dès le mois de juillet 1683 ; la jeunesse protestante de Dieulefit,

Poët-Laval, Bourdeaux, et d'autres villages se soulève et court aux armes.

Un grand nombre de catholiques de Dieulefit se retirent à Valréas, à Grignan et surtout dans le château de Béconne, dont le seigneur Augustin de Vesc était resté fidèle à leur cause.

De nombreuses troupes furent dirigées sur notre région pour étouffer le soulèvement ; le régiment de Barbisier allant de Bourdeaux à Nyons s'arrêta à Dieulefit.

Le régiment de dragons du comte de Tessé y resta quinze jours pour se saisir des armes des rebelles et se répandit dans les campagnes environnantes, fouillant dans les granges, dans les bois, dans les villages pour rechercher les armes cachées ; ils demeurèrent à Vesc de commencement octobre 1683, à fin février 1684.

Le 23 octobre 1685, parut la révocation de l'Edit de Nantes. La démolition du temple à La Paillette, avait été ordonnée dès 1684, et l'hôpital général de Grenoble devint propriétaire des biens en dépendant.

Les protestants ne se soumirent qu'en apparence aux ordres profondément injustes de Louis XIV, quelques-uns s'expatrièrent et allèrent surtout en Suisse, à Genève ; le plus grand nombre demeura, parut se convertir et continua à assister à des assemblées nocturnes de préférence, en des lieux écartés ; Bourdeaux était la citadelle protestante de la région, le foyer de l'agitation et un centre d'énergique résistance aux persécutions.

On eut recours aux sévérités les plus rigoureuses ; ni les condamnations à mort, ou aux galères, n'arrêtaient les protestants.

Ces mesures violentes eurent si peu d'effet qu'en 1687, sur 200 nouveaux convertis existant à Montjoux, aucun n'allait à l'église ; et en 1706 sur 190 nouveaux convertis, deux seulement avaient rempli leurs devoirs religieux ; la paroisse ne comptait que 54 véritables catholiques.

Les pasteurs du désert, malgré les peines sévères qui les menaçaient, continuaient leurs réunions ; parmi eux il faut citer Marcel et surtout Rozan qui exerça longtemps son ministère et jouit d'une grande influence dans la région de Bourdeaux surtout ; il ne cessa ses prédications que lorsqu'il fut accablé d'infirmités.

Dix-Huitième Siècle

LES DERNIERS SEIGNEURS DE MONTJOUX

« Charles, fils aîné de César de Rigot, s'unit avec Simonne de Barjac de Rochegude qui le rendit père de Marie-Charlotte et de César. Ce dernier, en 1645, réclama aux habitants l'exécution de l'accord de 1511. Marié avec Judith du Port de Pontcharra, il eut :

« 1° Marie, femme de Basile Bénédict d'Agoult, de Rochebrune ; 2° Louise-Marguerite (Mme de Vernède) ; 3° Guillaume-César, marquis de Montjoux, capitaine au régiment de Montoison, mort en 1758, et 4° Jean-Jacques, baron de Montjoux, capitaine d'infanterie, décédé en 1778. » (Lacroix)

De Jean-Jacques et de Catherine Marchand de Châteaurenard naquirent :

1° En 1746, Charles-César ; 2° En 1748, Marie-Madelaine ; en 1757, Julie-Madeleine, femme de César Caton de Thalas, garde du corps du roi Louis XVI ; 4° En 1758, Jean-Joseph, capitaine au 20me régiment d'infanterie, incarcéré à Perpignan, puis à Orléans, en 1792 ; 5° Marguerite, unie le 19 janvier 1774 à Claude Josué de Durand de La Molinière, capitaine d'artillerie ; 6° Claude-Esprit, capitaine au régiment de Flandre, décédé à Fribourg (Suisse), en 1833 ; 7° Claude-Alexandre.

La tradition veut que, lors de la Révolution, pendant un certain temps, Claude-Esprit de Rigot ne se croyant pas en sécurité dans son château, se soit retiré dans un pavillon appelé un peu pompeusement : Château de l'Hermitage, construit près de sa ferme du Mont Miélandre, dans la commune de Vesc, et dont il subsiste encore des parties bien conservées.

Il aurait ensuite émigré en Suisse, à une date qu'il ne nous a pas été possible d'établir ; par la suite nous aurons d'ailleurs à entretenir nos lecteurs à plus d'une reprise, de ce dernier seigneur de Montjoux. (1)

Dans sa notice sur Montjoux, M. A. Lacroix, archiviste de la Drôme, sur la foi d'un acte de l'état civil, affirme que Jean-Joseph de Rigot de Montjoux a été massacré à Versailles le 9 septembre 1792. Il n'en est rien ; car, ainsi que l'établit un autre acte de l'état civil, il mourut à Montjoux, dans son château, le 17 octobre 1838, à 7 heures du matin ; il était lieutenant-colonel en retraite et chevalier de Saint-Louis ; plusieurs vieillards qui nous en ont entretenu l'ont connu dans leur jeunesse et l'un d'eux ayant assisté à son enterrement dans le cimetière attenant à l'église, pouvait fixer encore l'emplacement exact où il fut inhumé.

Voici un résumé très complet de l'intéressante pièce qui a induit M. Lacroix en erreur :

Le 14 thermidor, an VIII de la République, par devant Elie Sambuc, officier public de Montjoux, a comparu le citoyen Claude-Esprit de Rigot désirant faire constater « le décès des prisonniers d'Orléans homicidés à Versailles le 9 septembre 1792, parmi lesquels se trouvait Jean-Joseph Rigot-Montjoux, a remis la pièce ci-dessous dont il a demandé la transcription.

---

(1) A titre de curiosité voici les divers titres dont il se qualifiait dans une quittance du 25 mai, 1786 : « *Haut et puissant seigneur Messire Claude Esprit de Rigot, marquis de Montjoux, seigneur dudit lieu, Bâtie la Lance, la Penne, Andeffret, Teyssières, Monétier du Persy, Chancel, Rochegude en Languedoc et autres places, ancien Capitaine au régiment de Flandre, infanterie, lieutenant de Messieurs les Maréchaux de France au département de Montelimart, Chevalier de l'Ordre royal militaire de St-Louis* »

« Nous Paul-Victor Pizeur, André-Augustin Dufour, et Etienne-François Valleran, commissaires nommés par l'Administration centrale du département du Loiret, par son arrêté du 24 fructidor an 7, à l'effet de dresser la liste ordonnée par la loi du 4 du même mois, après nous être fait représenter et avoir compulsé tous les papiers, procédures et registres composant le greffe de la ci-devant Haute-Cour Nationale séant à Orléans, les registres des écroux (?), recommandation et décharge de la maison de justice de la dite Cour, dite des Minimes, sur lesquels est transcrit le reçu donné par Fournier, commandant la garde de conduite des détenus, de ceux des prisonniers étant en ladite maison, nous avons, sur le vu de tout, formé la liste des détenus dans la prison de la Haute-Cour Nationale et qui en furent extraits pour être conduits à Versailles, le 4 septembre 1792, ainsi qu'il suit : savoir :

« Art. 1er. — Etc...

« Art. 20. — Montjoux (Jean-Joseph), âgé de trente-trois ans, à l'époque de 1792, capitaine au 20me régiment d'infanterie, domicilié habituellement à Montjoux, département de la Drôme ; l'indication des actes qui établissent sa détention se trouvant dans l'interrogatoire qu'il a subi le 17 février 1792.

« Art. 21. — Etc.

« Arrêté la liste ci-dessus des détenus dénommés au nombre de 54, par nous Commissaires soussignés, à Orléans, le 4 frimaire, an 8, de la République. Signé : Pizeur, Dufour et Etienne-François Valleran. »

Transcription faite devant César Achard, Paul Rousset et Jean-Jacques Turc, Claude-Esprit de Rigot déclarant que ledit Jean-Joseph Rigot Montjoux, fils légitime de Jean-Jacques Rigot-Montjoux, et Catherine Marchand, né à Montjoux le 17 mars 1758, est mort à Versailles le 9 septembre 1792, les témoins attestant que ledit Jean-Joseph Rigot-Montjoux n'a plus reparu dans son domicile, et ne savent pas qu'il ait reparu ailleurs.

Période Révolutionnaire

A partir de la Révolution de 1789, il est plus facile de suivre de près l'histoire de la commune, parce que les archives sont mieux conservées et plus complètes ; elles présentent cependant de grandes lacunes, et il est des périodes où nous serons nécessairement très sobre.

La Révolution eut des causes multiples qu'il serait trop long de rappeler ici ; en quelques mots, disons qu'elle fut provoquée par la tyrannie royale, la mauvaise administration des finances, la charge écrasante des impôts, les exactions féodales, les abus de toutes sortes de l'ancienne monarchie, les privilèges nombreux et injustifiés dont jouissaient la noblesse et le clergé.

Montjoux avait-il joui exceptionnellement d'un régime assez paternel de la part de ses derniers seigneurs? Le cas est assez probable, car nous n'avons trouvé nulle part des traces de trop vives récriminations ; l'attitude ultérieure, très bienveillante, des habitants semble le prouver également.

Toujours est-il qu'au début de la Révolution la population se montra timide, conservatrice même ; le 20 juillet 1789, six jours après la prise de la Bastille par le peuple de Paris, lors d'une assemblée générale des habitants, David Jean Etienne Sambuc, Joseph Arnaud, bourgeois, Jean-Claude-Chovin, châtelain, Jean Mourier, consul et Louis Ravoux sont désignés pour signer l'extrait de la délibération et en faire l'expédition.

Un extrait de délibération des citoyens de Grenoble est déposée sur le bureau. « Et successivement, est-il dit, tous les délibérants ont unanimement juré sur l'autel de la Patrie, de maintenir l'autorité royale dans toute son intégrité, de réprimer de tous leurs pouvoirs les attentats de ceux qui auraient la hardiesse de vouloir la partager et de rester inébranlablement attachés aux principes de l'Assemblée nationale. »

La population évolua et la Révolution fut accueillie avec joie ; elle est manifestée avec force dans le compte rendu d'une réunion générale des habitants ; ceux-ci dirigés par Sambuc David-Jean-Etienne, puis par Sambuc Elie, hommes intelligents, dévoués, mais prudents, qui paraissent avoir joui d'une très grande autorité sur leurs concitoyens, ne se livrèrent à aucun excès. L'ancien seigneur n'eut point à se plaindre d'eux ; il fut même élu officier municipal le 22 juillet 1792 et le resta pendant quelques années. Les habitants surent néanmoins se défendre énergiquement contre ses prétentions.

PREMIÈRE MUNICIPALITÉ. — En conformité des lois votées par la Constituante, la municipalité fut constituée, pour la première fois le 30 janvier 1790, par l'Assemblée générale des habitants. Sambuc David-Jean-Etienne, fut le premier maire ; Liotard Paul, procureur de la commune, une sorte d'adjoint au maire ; Vachon Jean-Pierre et Ravoux Jean-Louis, officiers municipaux.

Avant la Révolution, aux XVIIᵉ et XVIIIᵉ siècles, les affaires de la commune étaient gérées par deux consuls assistés de quatre conseillers qui, en outre, percevaient les impôts ; ils étaient élus tous les ans en Assemblée générale des chefs de famille. Les deux derniers consuls furent Blanchard et Mourier.

LA GARDE NATIONALE. — Comme à Paris, qui avait donné l'exemple et dans bien d'autres villes, une Garde nationale est établie à Montjoux, dès 1789 ; elle est informée par celle de Dieulefit, le 19 décembre 1789, que la bénédiction des drapeaux du régiment aura lieu le 26 décembre. Cette dernière ajoute qu'une assemblée fédérative sera tenue le 27 du même mois et elle l'invite à y assister munie d'un pouvoir de la Municipalité et de vivres en quantité suffisante, vue que l'Assemblée sera nombreuse.

Le 25 avril 1790, la Garde nationale, dont le capitaine était J. .Morin, de Montjoux, prêta serment devant le Maire et les officiers municipaux, dans l'église, en présence du curé Fédon. Le 27 juin de la même année, les citoyens gardes nationaux se réunissent en Assemblée générale à Montjoux et délèguent à Montélimar : Bégou Barthélemy, lieutenant ; Pouzet Jean, sergent ; Sambuc Elie, sergent ; Favier Charles, Ponçon Etienne et Morin Philippe, fusiliers. De concert avec les délégations des autres communes du district de Montélimar, ils doivent élire les députés à la Fédération civique générale qui devait avoir lieu à Paris, le 14 juillet suivant.

FÊTE DE LA FÉDÉRATION. — L'on sait que cette fête du 14 juillet 1790, premier anniversaire de la prise de la Bastille, désignée sous le nom de fête de la Fédération, fut célébrée à Paris avec un grand éclat ; des délégués venus de tous les points de la France y assistèrent ; un autel à la Patrie fut dressé au Champ-de-Mars ; La Fayette, commandant en chef des gardes nationales, le roi, la reine, y prêtèrent le serment d'obéissance à la Constitution.

A Montjoux la fête fut également célébrée avec éclat ; un autel à la Patrie fut élevé au hameau de Saint-Etienne, le chef-lieu communal ; tous les gardes nationaux y assistèrent en armes ; la Municipalité en tête, avec l'écharpe ; on entendit un discours patriotique de Fédon, curé de la paroisse ; Claude-Esprit de Rigot, marquis de Montjoux, ex-seigneur, prononça quelques paroles de circonstances, et l'on prêta le serment de fidélité à la Nation et à la Loi.

Une table de 106 couverts fut dressée en face de l'autel de la Patrie, et à midi eut lieu un repas où la plus parfaite harmonie régna ; on porta plusieurs santés à « l'auguste Assemblée Nationale, à nos chers amis et frères d'armes de Paris, et au Roi ».

La fête, à laquelle assista le curé Fédon, se continua par plusieurs danses et farandoles ; M. de Rigot, au milieu de l'enthousiasme populaire et de la joie générale, pour prouver sa fraternité, fit jeter des fusées.

Pareille fête de la Fédération fut encore célébrée le 14 juillet 1791, au milieu de la plus vive allégresse ; un autel de la Patrie fut élevé à Montjoux, et l'on renouvela le serment de fidélité à la Nation et au Roi.

FUITE DU ROI. — LA CONSTITUTION. — Aucun écho ne parvint, semble-t-il, dans notre commune, relativement à la fuite du roi Louis XVI et à sa suspension ; l'on sait que, pendant ce temps-là, l'Assemblée nationale travaillant avec ardeur, vota une constitution, et en décréta la promulgation le 3 septembre 1791 ; celle-ci fut faite à Montjoux, en grande solennité, le 8 octobre suivant.

Elle fut publiée par la Municipalité, en écharpe, escortée par un détachement de la garde nationale, en armes, dans « les places, rues, hameaux et carrefours », à l'issue de la messe paroissiale ; les habitants furent invités à illuminer leur maison, dès 7 heures du soir, « en réjouissance de l'heureux achèvement de la Constitution ». Le curé Fédon avait été invité à faire chanter un *Te Deum* en action de grâce.

La Guerre contre l'Europe

LES ENROLEMENTS VOLONTAIRES

L'Assemblée législative qui succéda à la Constituante, déclara la guerre à la Prusse et à l'Autriche dont les armements menaçaient notre indépendance ; de graves revers s'abattirent sur nous au début des hostilités ; l'Assemblée se montra à la hauteur du péril ; elle décréta la Patrie en danger et invita les jeunes gens à s'enrôler partout et en masse ; dans toute la France frémissante on se leva contre l'ennemi et on accourut sous les armes.

La population de notre commune se montra ardemment patriote ; son âme vibra à l'unisson de celle de la France ; le 22 juillet 1792, la Municipalité, en écharpe, proclama la Patrie en danger, tant à Saint-Etienne, le chef-lieu communal, qu'à La Paillette, la garde nationale se trouvant sous les armes.

Les deux frères Jean-Jacques DALMAS et Jean-Pierre DALMAS, étaient déjà partis, puis s'enrolèrent encore :

Charles MORIN, âgé de 18 ans, le 4 août 1792 ;
Mathieu PONÇON, âgé de 21 ans, le 5 août 1792 ;
Antoine VILLARS, âgé de 21 ans, le 16 décembre 1792 ;
François GAUTHIER, âgé de 17 ans, le même jour ;
Charles LAURIÈ, âgé de 18 ans, le même jour ;
Jean GARAIX, âgé de 19 ans, le même jour ;
Jean-Pierre LAURIE, âgé de 20 ans, le 17 décembre 1792 ;
Paul GARAIX, le 11 janvier 1793 ;
Jean-Jacques REDON, âgé de 18 ans, le 6 février 1793 ;
Jean-Jacques BARNIER, le 10 févrer 1793 ;
Pierre RASCLAR, âgé de 18 ans, le 17 mars 1793 ;

Jean FERRIER, âgé de 18 ans, le même jour ;

André RASPAIL, âgé de 18 ans, le même jour ;

Pierre GARAY, le 6 août 1793 ;

Jean-Pierre GUINARD, le 16 septembre 1793 ;

Paul MORIN, le même jour ;

Jean BÉGOU, le même jour.

Ces trois derniers faisaient partie du premier bataillon du district de Montélimar, et appartenaient à l'Armée d'Italie ; leur capitaine était Sambuc David-Jean-Etienne.

Si l'on remarque que l'on ne demandait que 3 volontaires à la commune et qu'elle en fournit 19, on jugera de la fièvre patriotique qui agitait la population.

Pierre Rasclar, Jean Ferrier et André Raspail, de la liste ci-dessus, faisaient partie de la levée de 300.000 hommes, ordonnée par la Convention ; le Conseil municipal, réuni le 17 mars 1793, avait délibéré sur les moyens à prendre pour trouver trois volontaires ; le même jour ils se présentèrent spontanément, on ouvrit une souscription en leur faveur, elle produisit 368 livres, qui leur furent partagées.

FÊTE NATIONALE DU 10 AOUT. — Prenant prétexte de l'insurrection du 20 juin 1792 où le roi Louis XVI, avait été, il est vrai, un peu molesté, Brunswick, général en chef prussien, avait lancé le 27 juillet suivant, un insolent manifeste à la population de Paris, dans lequel il menaçait la ville d'une destruction totale, si l'on touchait au roi. La réponse ne se fit pas attendre ; le palais des Tuileries fut attaqué le 10 août 1792 par une foule bien armée, pourvue de fusils et de canons. Le roi courait de graves dangers ; il se réfugia au sein de l'Assemblée législative ; les insurgés vainqueurs vinrent l'y rejoindre et exigèrent que l'Assemblée envoya le roi en prison ; c'était la chute irrémédiable de la royauté, et Louis XVI ne sortira de captivité du Temple que pour monter sur l'échafaud. Pour les révolutionnaires la date du 10 août est donc capitale ; c'est ainsi que le Conseil du district de Montélimar convie la commune à célébrer une fête nationale le 10 août 1793 ; le Maire, M. Sambuc, arrête en conséquence, que le 10 août les citoyens sont invités à se trouver sur la place publique de Montjoux, à 7 heures du matin, « à former le cercle, en se tenant par la main, à faire retentir les airs de l'hymne fameux qui commence par les mots : Allons enfants… et à faire la farandole. »

Le 10 août, en effet, est-il raconté, le maire, officiers municipaux, avec leurs costumes, se tenant par la main, font retentir l'hymne des bons républicains sans-culotte de Marseille (*La Marseillaise*), après quoi ils se forment en farandole et crient : « Vive la République une et indivisible ! »

Les autres citoyens se joignent à eux, font le cercle se tenant par la main, mettent le feu à un monceau de bois, et font retentir l'hymne fameux des Marseillais.

Ils continuèrent à se réjouir toujours en se tenant par les mains, le Maire et officiers municipaux à leur tête et firent la farandole bien avant dans la nuit.

DONS A LA PATRIE. — Sous la Convention le trésor public se trouva souvent en détresse, on avait recours aux assignats, sorte de papier monnaie. Les citoyens, les communes, furent invités à faire des dons à la Patrie.

Le 27 octobre 1793, le Corps municipal était assemblé à la maison commune, à 11 heures du matin, le citoyen Claude-Esprit de Rigot, l'ex-seigneur, se présenta et remit sur le bureau, sa croix de Saint-Louis, valant 120 livres, avec son brevet ; il déclara donner encore à la nation une cloche pesant 87 livres, qu'il avait à sa campagne, appelée château de l'Hermitage, près du mont Miélandre.

A son tour le Conseil général de la commune déclara le 26 frimaire an II, faire don à la Nation de tous les vases servant au culte de la commune, et l'on envoya au district un calice et sa patenne, un soleil, son pied, son croissant, un petit ciboire, un ostensoir le tout d'une valeur de 138 livres et 15 sols.

Les grandes lacunes existant dans les archives ne permettent pas de suivre pas à pas les événements concernant notre commune ; ainsi nous n'avons trouvé nul écho relatif à la proclamation de la République, à l'exécution du roi, aux exécutions de la Terreur ; à peine quelques indications sur certaines réquisitions de blé, de paille et de fourrage ; quelquefois l'insignifiance des faits mentionnés nous oblige à les passer sous silence.

LES BRIGANDS. — Une circulaire en date du 2 prairial an VIII signale l'apparition de brigands en divers points, et invite la Municipalité à faire exécuter des patrouilles à la garde nationale. Vers cette époque les brigands se montrèrent à Teyssières particulièrement audacieux ; après avoir pillé la maison du Maire, M. Gueyle, ils conduisirent celui-ci dans la montagne et le fusillèrent dans un ravin.

Ce tragique événement inquiéta vivement les populations ; aussi, le 5ᵐᵉ jour complémentaire de l'an VIII, des informations étant parvenues au Maire que la commune de Montjoux devait être attaquée le 12 du mois de messidor par les brigands qui rôdaient dans le voisinage depuis longtemps, le Maire demanda des secours. C'est ainsi que le commandant des troupes à Valréas envoya 51 hommes, 4 gendarmes qui séjournèrent 2 jours ; les villages voisins détachèrent des hommes de leurs gardes nationales pour venir concourir à la défense de la commune ; tous ces mouvements coûtèrent 120 francs, et les brigands, informés sans doute, ne se montrèrent pas.

Le 23 nivôse de l'an IX, les brigands commettent des excès à Teyssières, s'avancent sur le territoire de Montjoux qu'ils menacent. Des détachements des gardes nationales des communes environnantes accourent encore pour leur donner la chasse ; la dépense qui en résulte est de 24 francs.

Le 16 pluviôse, nouvelles alarmes ; un détachement de la garde nationale de Dieulefit accourt au secours de la commune et les frais s'élèvent à 15 francs.

Le 21 pluviôse les brigands paraissent en nombre à Teyssières « qu'ils menacent d'une entière dévastation. »

L'alarme est donnée dans les communes circonvoisines ; 80 hommes de la garde nationale de Dieulefit apportent leur aide, le jour même et le lendemain, 22 pluviôse, au matin, il arrive un détachement de 18 gendarmes à cheval et de ligne pour leur donner la chasse ; les dépenses constatées furent de 71 francs.

Ces brigands étaient généralement des hommes jeunes, des déserteurs ; un certain nombre furent pris et fusillés, dont 2 à Venterol, un à Nyons.

ECLATANT TÉMOIGNAGE D'ESTIME A UN ANCIEN MAIRE. — Nous avons dit que l'un des maires de la période révolutionnaire, M. Sambuc David-Jean-Etienne, paraît avoir joui d'un réel ascendant sur la population, dépassant de beaucoup celui de l'ex-seigneur ; c'est que par son intelligence et son énergie il avait admirablement servi les intérêts de la commune en maintenant la population dans la sagesse et en luttant contre certaines prétentions de M. Esprit de Rigot, dont il sera parlé plus loin ; on trouve un émouvant témoignage de reconnaissance dans une délibération du 20 messidor, an X. Le Conseil municipal était réuni sous la présidence de M. Pierre Raspail, adjoint, en l'absence de M. Sambuc Elie, maire, fils de M. Sambuc David ; « il examinait quelle était la personne de la commune qui par ses mœurs, sa conduite publique et privée ou par quelque acte marquant de vertu, avait acquis le plus de droit à l'estime et à l'affection publique ». Les suffrages se portent unanimement sur M. Sambuc David-Jean-Etienne, ancien maire. Il est décidé que l'adjoint et deux conseillers, escortés par un détachement de la garde nationale, publiera et proclamera la délibération, le matin du 25 messidor, anniversaire du 14 juillet, qu'il se rendra avec son cortège chez l'honoré ancien maire, et lui remettra un bouquet avec l'expédition de la délibération.

Sous le Premier Empire

Rien d'intéressant ne se trouve dans les archives concernant le 1er Empire ; il n'est fait aucune mention des levées d'hommes continuelles ; aucun écho des victoires de Napoléon 1er n'est inscrit sur les registres des délibérations.

Le 9 janvier 1814, le Conseil municipal désigne provisoirement les personnes pouvant faire partie de la garde nationale ; parmi elles figure Jean-Joseph de Rigot de Montjoux qu'on avait cru avoir été fusillé, le 9 septembre 1792, à Versailles. Le 30 janvier 1814 à une nouvelle réunion du Conseil municipal, Jean-Joseph de Rigot, répondant à une question du Maire M. Sambuc Elie, relativement à la garde nationale, expose « qu'il n'a ni propriétés, ni argent placé, qu'il ne tient son existence que des bontés de son frère aîné (Claude-Esprit de Rigot) que cependant sans des dartres qu'il a aux jambes depuis des années, et des maux d'estomac dont il souffre depuis longtemps, il se montrerait autant que tout autre dévoué pour le bien et la tranquillité publique. »

En 1815, après le désastre de Waterloo, l'invasion de la France, et son démembrement par les coalisés, une contribution extraordinaire de cent millions fut levée sur le pays comme réquisition de guerre, aux termes de l'ordonnance du roi Louis XVIII, datée du 16 août 1815. Jean-Joseph de Rigot, fit une offrande volontaire de 70 francs.

La Restauration

LOUIS XVIII ET CHARLES X

A la chute de l'Empire, les Bourbons, avec Louis XVIII, remontèrent sur le trône ; c'est la période dite de la Restauration, remplie de violences contre les libéraux, les anciens partisans de la Révolution et de l'Empire ; des meurtres sans nombre furent commis par les royalistes, et l'on a appelé ces excès la Terreur blanche.

Le pouvoir était entre les mains des plus riches ; pour être éligible à la Chambre des députés il fallait être âgé de 40 ans et payer 1.000 francs de contributions directes ; l'on était électeur à 30 ans si l'on payait 300 francs, au moins, de contributions directes ; notre commune n'eut que deux électeurs, M. Jean-Joseph de Rigot, et M. Sambuc.

M. Elie Sambuc fut nommé maire par l'Administration le 22 décembre 1816, pour 5 ans ; homme de la Révolution, sincèrement libéral, protestant, il ne pouvait compromettre la légitime autorité dont il jouisssait en servant les passions politiques et religieuses des ultra-royalistes ; il refusa les fonctions, et se retira avec dignité.

Jean-Joseph de Rigot, qui se qualifie lui-même chevalier de Montjoux, fut désigné par arrêté du sous-Préfet de Montélimar comme commissaire spécial pour procéder à l'installation du Maire et de l'adjoint.

M. Jean-Claude Chauvin, nommé Maire, prêta le serment exigé de fidélité envers le roi et la Charte entre ses mains.

M. Chauvin conserva ses fonctions jusqu'à la révolution de 1830 ; il paraît avoir été l'homme des royalistes et du clergé ; son autorité fut médiocre, c'est ainsi qu'à plusieurs reprises il appela le Conseil municipal à voter des réparations à l'église, et qu'il ne parvint pas d'abord à se faire écouter.

Pour se maintenir en cours auprès de l'Administration préfectorale, il se livra à une manifestation assez adroite lors de l'assassinat par Louvel, du duc de Berry, fils de Charles X, père du duc de Bordeaux, mieux connu plus tard sous le nom de comte de Chambord. Il fit voter une adresse au Préfet où il est dit que la commune lui adresse « l'affection et le dévouement à l'auguste famille des Bourbons, et la part qu'elle prend à ce triste événement. L'adresse ajoute : « que tous les habitants de Montjoux ont appris avec indignation et effroi la conduite d'un scélérat qui a osé tremper la main dans le sang du prince de Berry », etc...

Dans une commune où les idées de la Révolution avaient été accueillies avec enthousiasme, une telle adresse ne dut pas apporter beaucoup de popularité à son auteur.

La famille Sambuc, à la tête des libéraux, n'avait d'ailleurs rien perdu de son influence et de sa légitime autorité ; on le vit bien à la chute de Charles X, à la suite de la Révolution de juillet 1830 ; M. Chauvin se vit retirer ses fonctions et M. Elie Sambuc, non acceptant en 1816, fut de nouveau nommé maire en 1830, pour le demeurer jusqu'à sa mort qui survint le 15 juillet 1850.

La Deuxième République

La population avait accueilli avec joie la proclamation de la 2me République, mais elle vit avec peine l'élection du prince Louis-Napoléon comme président de la République en 1848. Montjoux, comme les communes environnantes, fut travaillée avec activité par une Société secrète républicaine dont les principaux dirigeants, MM. Defaysse et Paul Soubeyron, habitaient Dieulefit ; un très grand nombre de personnes, surtout parmi les jeunes, s'affilièrent et lorsque survint le coup d'Etat du 2 décembre 1851, la plupart s'insurgèrent et furent parmi les combattants de Crest. M. Rousset, maire qui avait succédé à M. Sambuc, était avec ces derniers.

L'on sait que les républicains furent poursuivis avec rigueur ; voici, à titre de renseignements, ceux de notre commune qui subirent des condamnations, à tous égards honorables pour eux, témoignagne éclatant de leur foi républicaine :

Boudon Charles-André, 32 ans, propriétaire, cultivateur, né à Valence, blessé devait Crest, 5 ans d'Afrique ;

Cordier Louis, 43 ans, propriétaire, ancien adjoint, 5 ans d'Afrique ;

Archer Joseph, 36 ans, instituteur, 5 ans d'Afrique, où il mourut, à l'expiration de sa peine ;

Morin Philippe, 43 ans, cultivateur à Montjoux, surveillance de la police générale ;

Mourier Jean-Etienne, grand-père du maire actuel, 37 ans, cafetier à La Paillette, surveillance de la police générale ;

Rousset Jean-Pierre-Paul, 38 ans, ex-maire, a pris part en armes, à l'insurrection, 5 ans d'Afrique, par contumace ; il avait pu se réfugier en Suisse ; il se rallia à l'Empire plus tard, et redevint Maire.

Un grand nombre d'autres républicains combattants de Crest furent inquiétés ; ils avaient été trahis et dénoncés par Jean-Pierre Morin, affilié aux Sociétés secrètes et qui devint Maire ; l'élévation à ces honorables fonctions fut la récompense de sa vile trahison.

Le prince Louis-Napoléon, soit comme Président, soit comme empereur, avait volontiers recours à la pression pour obtenir des électeurs la réponse qu'il désirait lorsqu'il faisait voter ; grâce à ce système, les sentiments républicains de la population parurent s'effacer ; seuls quelques irréductibles maintinrent leur opposition.

Lors du plebiscite tendant à approuver l'acte violent du 2 décembre 1851, et qui eut lieu le 20 décembre 1851, les résultats furent les suivants à Montjoux :

Votants 142

Oui 132

Non 10

Lors du Sénatus-consulte du 21 novembre 1852 qui déférait l'Empire au prince Louis-Napoléon, sous le titre de Napoléon III, empereur des Français, les nombres ne changèrent guère :

Votants 153

Oui 143

Non 9

Blancs 1

LA PAILLETTE

A gauche, place Léopold-Mourier, créée en 1913, plantée d'ormes en 1914
Entrée élargie du village

Le Second Empire
La Troisième République

Mais lors du plébiscite du 8 mai 1870 demandant au peuple d'approuver la transformation de l'Empire, on fut loin du résultat attendu ; la campagne et l'attitude énergique des irréconciliables portèrent leurs fruits, et chose qui surprit beaucoup, on trouva :

Votants	*152*
Oui	63
Non	87
Blancs	2

Montjoux fut une des rares communes de la Drôme qui témoignèrent de si éclatante façon de son hostilité contre le second Empire ; son adhésion à la République lors du 4 septembre 1870 fut immédiate et des plus enthousiastes, on planta des arbres de la Liberté, dont l'un, le dernier survivant, était placé contre la maison de M. Auguste Pouzet, à proximité de la place Léopold-Mourier, à La Paillette, et n'a été arraché qu'en 1912, année où il périt.

En 1870, la garde nationale fut créée ; la population laissée dans l'ignorance fut souvent prise de panique à la suite de fausses nouvelles annonçant comme imminente l'arrivée des Prussiens.

Ce fut pour les républicains des années bien inquiétantes que celles qui suivirent la paix avec l'Allemagne et qui furent marquées par une vive réaction contre la République.

Le Maire libéral d'alors, M. Frédéric Vachon, fut déposé par le Préfet le 26 février 1874, et remplacé par un maire réactionnaire. Mais lorsque le Conseil municipal reçut le droit de choisir lui-même son maire, il s'empressa de porter à ces fonctions M. Pierre Raspail, un républicain convaincu ; depuis cette époque jusqu'à l'année présente, dix maires se sont succédé, mais tous ont été des républicains éprouvés. La population, chose bien rare, ne s'est jamais laissé surprendre par un moment de faiblesse ou de laisser-aller ; elle n'est jamais tombée non plus dans l'excès contraire, en choisissant comme premier magistrat un homme violent ou d'opinions excessives.

Des dissentiments graves ont, sans doute, éclaté plus d'une fois dans notre commune, comme dans bien d'autres, mais la minorité a toujours eu la sagesse de se soumettre devant le verdict de la majorité, ce faisant la population a montré un sens droit, une parfaite intelligence de ses intérêts bien compris.

A la suite des élections municipales du 3 mai 1908, le maire actuel, propriétaire de restaurants célèbres de Paris, M. Mourier, arriva à la tête des affaires de la commune et l'on célébra avec éclat la fête nationale du 14 juillet ; l'horloge communale que le nouveau Maire avait offerte généreusement, sonna pour la première fois à midi et un banquet de 75 couverts fut tenu dans la salle de classe.

En 1912, le 14 juillet fut célébré avec un éclat unique ; les préparatifs poursuivis avec activité durèrent quatre jours, le village de La Paillette fut brillamment décoré et pavoisé, les salves d'artillerie résonnèrent nombreuses dans nos montagnes ; un orchestre choisi donna de l'entrain à la jeunesse ; un manège de chevaux de bois fit la joie des enfants, et aussi, faut-il le dire, de toute la population ; le soir un banquet de 90 couverts eut lieu dans la salle de classe sous la présidence de M. Jouffroy, sous-Préfet de Montélimar ; des discours chaleureusement applaudis furent prononcés par le

LE SERRE

Propriété de M. Mourier, restaurée ou construite de 1907 à 1910

Maire et le sous-Préfet, le champagne coula à flots ; une formidable farandole de 200 à 300 personnes parcourut les rues, le Maire en tête ; vers minuit un magnifique feu d'artifice fut tiré ; une foule de 1.500 à 2.000 personnes donnait une animation comme jamais le village n'en avait vu.

M. Mourier avait tenu à faire tous les frais de cette belle fête en reconnaissance de la brillante réélection dont il avait été l'objet aux élections du 5 mai de la même année, où il avait obtenu 94 suffrages sur 99 votants.

La commune eut la grande joie et la légitime fierté de voir son Maire, le 23 février 1913, élu conseiller général du canton de Dieulefit ; elle ne ménagea ni ses peines ni ses suffrages pour l'aider dans sa brillante élection ; pour sa part elle lui donna 95 voix, sur 96 votants.

TROISIÈME PARTIE

L'Eglise

« Le prieuré n'eut jamais grande importance, puisqu'il était desservi au XVIme siècle, par un simple chapelain et payait seulement 20 livres de taxes. A la fin du XVIme siècle le seigneur du lieu possédait les biens de la cure et en affermait les revenus aux Consuls. » (A. Lacroix)

Gilbert, commis à la recette des décimes dus au roi dans le diocèse de Die, dut plaider contre le seigneur et les consuls ses fermiers pour obtenir le paiement des sommes dues ; en 1583 et en 1601, la quittance qu'il fournit s'élève à 3 écus.

La perception de la dîme avait été réglée par transaction en 1607 ; devant les prétentions de Fuzier, prieur, de prendre la dîme du blé en gerbes, de cumuler celle des agneaux et d'exiger celle du chanvre, on eut recours à une consultation d'avocats, lesquels, à titre d'arbitres, déclarèrent que la transaction de 1607, fixant la dîme du blé à la côte 24, à l'aire, doit être suivie ; que la dîme se prescrit par un an et ne peut se cumuler, qu'enfin la coutume contraire s'oppose à la dîme du chanvre.

En 1630, eut lieu une autre consultation d'avocats sur la question de la maison curiale et la contribution des protestants à cette dépense. « D'après les canons, y est-il dit, les bâtiments ecclésiastiques sont à la charge du clergé ; en Dauphiné, l'usage contraire a prévalu et doit être suivi qu'il s'agisse d'un prieur ou d'un curé ; quant aux protestants, ils sont, comme les forains, dispensés d'y contribuer. »

La même année on porte plainte à l'Official de Die, contre le prieur Fuzier qui ne résidait point dans la commune, plaidait constamment contre ses paroissiens, percevait 180 livres de la dîme et 40 livres de censes et de ses fonds.

Ybot, curé d'Ourches, chargé de visiter la paroisse, ordonne au curé de remplir ses devoirs, Fuzier n'obéit pas sans doute, car François d'Aure, curé de Dieulefit, chargé du service paroissial de Montjoux, réclame aux consuls, fermiers de la dîme, le paiement de ses honoraires, et accuse Fuzier d'être de connivence avec eux (1648).

En 1638, l'église était encore en partie découverte, et sa pauvreté éclatait à tous les yeux, le prieur recevait pour son logement une indemnité annuelle de 30 livres, on acheta une maison curiale en 1664.

Les archives mentionnent une requête que le prieur curé Romain, en 1728, adresse à l'évêque de Die pour être autorisé à distribuer aux pauvres les 200 livres léguées à l'hôpital de Montjoux, par Lagarde, notaire à Séguret, attendu qu'il n'y a point d'hôpital.

« En 1687, la paroisse dédiée à saint-Etienne, comprenait environ 200 nouveaux convertis qui ne venaient point à l'église depuis un mois. La maison curiale était suffisante, mais l'église ne l'était pas. En 1706, sur 244 paroissiens, on comptait 54 anciens-catholiques et 190 nouveaux convertis, dont 2 seulement avaient rempli leur devoir pascal. En 1765, le curé avait 380 livres pour tout revenu.

« Depuis lors jusqu'à la Révolution, l'histoire religieuse de la commune ne présente pas d'événements notables. » (A. Lacroix.)

Quand la Révolution éclata, le prieur curé était Fédon ; il fit un discours patriotique à la population assemblée devant un autel à la Patrie ; lors du 14 juillet 1790, jour de la fête de la Fédération, il assista au banquet de 106 couverts qui suivit.

On sait que l'Assemblée nationale constituante établit une constitution civile à laquelle le clergé devait prêter serment. Parmi les prêtres, les uns acceptèrent, les autres refusèrent. On appela les premiers les Constitutionnels et les autres les Réfractaires. Fédon fut parmi ceux-ci, après avoir déclaré le 4 février 1791 qu'il était dans l'intention de prêter le serment exigé ; son refus l'obligea à gagner le Valais et quand il revint à Die, en qualité de grand-vicaire, il fut arrêté, conduit à Valence et condamné à la déportation ; la mort le surprit sur le chemin de l'exil, à l'hôpital de Clermont-Ferrand.

Il était frère de Nicolas Fédon, maire de Dieulefit ; il entra chez les Jésuites et fut ordonné prêtre en 1762. Après la suppression de l'ordre il exerça les fonctions de vicaire à Dieulefit et de curé à Comps. Pendant qu'il était dans cette dernière paroisse, la foudre tombant sur son antique église, en endommagea le clocher. Il était prieur de Montjoux quand la Révolution éclata.

A la date du 8 ventôse an II, on trouve une invitation de l'Administration du district de Montélimar à la Municipalité de Montjoux de lui faire « passer tous les linges servant au culte de vos ci-devant églises pour servir aux braves défenseurs de la patrie, blessés, qui sont dans les hôpitaux de l'armée. Joignez-y aussi les autres ornements servant au culte, surtout ceux qui contiennent de l'or ou de l'argent, il est temps que les hochets du fanatisme soient employés à des objets utiles au lieu de servir à nous égarer par ses yeux, et que ce faste indécent soit proscrit de l'exercice d'une religion dont les bases sont la charité et la pauvreté. »

Le Maire, M. Vachon, et les officiers municipaux, en présence du Procureur de la commune, s'étaient rendus dans

la sacristie de l'Église, le 1ᵉʳ novembre 1792, et avaient dressé
l'état suivant des effets et ornements :

Argenterie

1 calice, 1 ostensoir, 1 petit ciboire.

4 corporaux, 10 purificatoires, 10 lavabos, 3 aubes et 1 cordon, 7 nappes, 1 surplis.

Ornements

1 tapis d'indienne, 1 chasuble rouge, en satin de laine avec son étole, son manipule, son voile et sa bourse ;

Linge

1 chazuble blanche en soie, avec son étole, manipule, voile et bourse ;

1 chazuble noire en soie, galonnée en argent avec son étole, manipule, voile et bourse.

1 chasuble rouge, en soie, rouge, blanche et verte avec son étole, manipule, voile et bourse ;

1 chasuble en satin de laine, vert et violet, avec son étole, manipule, voile et bourse ;

1 vieille chasuble noire de même, avec son étole, manipule, voile et bourse ;

1 chappe ;

Le tout fut porté et fermé dans les archives de la commune, à l'exception de l'argenterie, des linges et ornements qui ont été remis au citoyen curé commis pour le service journalier de la paroisse, consistants, savoir : 2 nappes, un surplis, 2 aubes, 2 lavabos, 2 corporaux, une chasuble blanche avec son étole, manipule, voile et bourse, une chazuble violette ; de même avec son étole, manipule, voile et bourse.

Quand survinrent les ordres mentionnés ci-dessus, on adressa le tout au chef-lieu du district.

Il faut ajouter que le Conseil municipal à la suite d'une délibération du 26 frimaire an II, fit parvenir en plus le 30 nivôse an III, à titre de don volontaire à la nation, un calice, une patenne, un petit ciboire, et un ostensoir pesant ensemble 2 marcs, 7 onces et un gros.

L'Eglise de Montjoux fut érigée en succursale par décret du 17 août 1855 ; depuis la Révolution le service religieux avait été assuré assez irrégulièrement par les desservants de Teyssières ; l'un d'eux, M. l'abbé Fayn, empêcha la ruine totale de l'église, au moyen de quêtes faites à l'extérieur.

Dans une délibération du Conseil municipal, en 1821, il est constaté que les catholiques sont peu nombreux, 50 environ sur 480 habitants ; il ne leur était pas possible d'assurer à eux seuls la conservation de l'église dans un état convenable ; cette année-là même, elle menaçait ruine et des réparations étaient urgentes. Le Maire, M. Chauvin, ne parvenait pas à obtenir du Conseil municipal un vote de crédits pour y procéder ; en 1827, seulement, une somme de 100 francs est allouée enfin et encore plusieurs conseillers s'abstinrent ; avec une subvention de l'Etat, on réussit à la sauver d'une ruine totale.

Voici les prêtres qui se sont succédé dans la commune depuis que l'église est érigée en succursale :

MM. CLAPET, du 15 novembre 1859 au 1er janvier 1862 ;
LABAUME, du 1er janvier 1862 au 1er septembre 1867 ;
THÉALET, de septembre 1867 à 1876 ;
VILLARD, du 16 janvier 1877 à 1890 ;
BLANC, d'avril 1890 à mars 1891 ;
ROLLAND, de 1891 à 1897 ;
MOURIER, du 1er avril 1898 à janvier 1900 ;
DELOLME, d'avril 1900 à septembre 1908 ;
CLÉMENT, curé actuel, depuis février 1909.

L'Eglise Réformée

« D'abord unie à celle de Dieulefit, l'église réformée eut son existence propre au XVIIme siècle.

« Les commissaires exécuteurs de l'Edit de Nantes, en 1664, y maintinrent l'exercice du culte, à cause de la qualité de haut justicier du seigneur ; mais comme ils différaient sur les conditions de cet exercice, le Conseil du Roi, par arrêt du 10 janvier 1684, ordonna la suppression de cette église et la démolition du temple. » (A Lacroix.)

Nous avons pu établir l'emplacement exact de ce temple grâce à un acte notarié particulier, qui nous a été obligeamment communiqué par Mme Clément.

L'hôpital général de Grenoble, devenu propriétaire des biens des Consistoires supprimés vendit, le 4 février 1732, l'emplacement dudit temple à M. Henry Sambuc, négociant à Montjoux. Plus tard, Noyer en devint acquéreur ; il le céda à Turc le 19 septembre 1808, et les descendants de ce dernier le vendirent à M. Ponson en 1913 ; il occupait donc le n° 875 de la section A du plan cadastral actuel.

Sous Louis XV les protestants étaient toujours persécutés ; un fait assez singulier révélé par les archives à la date du 10 octobre 1748, nous le prouve : c'est l'engagement pris par les châtelains, consuls, officiers et principaux habitants catholiques et nouveaux convertis, en cas d'assemblées de protestants dans le territoire et le voisinage « d'en donner avis sur-le-champ aux puissances et de veiller soigneusement à empêcher qu'il ne s'en fasse aucune ».

Le temple actuel n'a été bâti que vers 1825 ; en mai 1821, le Conseil municipal constatait qu'il n'y avait point de temple et que les réunions se faisaient en plein air, généralement, je crois, à l'abri des grands chênes qui existaient encore il y a une dizaine d'années sous la maison d'habitation de M. Louis Blanc, dans les propriétés dépendant du Château.

En 1822, le 20 septembre, le Conseil municipal demande à être autorisé à acheter une maison appartenant à Pierre Boisse, pour l'exercice du culte protestant ; on comptait y disposer en plus deux pièces pour la tenue des séances municipales et pour celle des écoles publiques. L'achat était estimé 1.100 francs et les travaux à y exécuter 6.200 francs.

Les travaux terminés vers 1825, furent assez mal conçus, la voûte était chargée de terre et la toiture y reposait dessus ; l'herbe poussait dans cette terre, la pluie détruisait la voûte ; on dut surélever la toiture en 1855 et l'établir sur une charpente ; depuis lors il n'a subi aucune modification importante, ni de réparations considérables.

Il ne nous a pas été possible d'établir la liste complète des pasteurs ayant exercé dans la commune pendant les cent dernières années. Nous nous bornerons donc à mentionner : M. PÉDURAND-ARNAUD, en 1834 ; M. BRUN, en 1840 ; M. BRUNEL, de 1845 à 1860 ; M. BOST, de 1861 à 1865 ; M. BERNARD, de 1866 à 1880 ; M. SAMBUC, de 1882 à 1906 ; M. LUIGI, de 1906 à 1910 ; M. COOK, pasteur actuel, arrivé en 1910.

Etat-Civil

Les registres de l'Etat-Civil, tenus aujourd'hui par les Maires, l'étaient, avant la Révolution et jusqu'en 1792, par les prêtres ou les pasteurs. Ceux de Montjoux laissent beaucoup à désirer matériellement, et de plus ils sont fort incomplets. Les baptêmes, mariages et sépultures y sont dressés successivement par Brugière, Lagarde, Bégou, Sauret, Romain, Bégou et Fédon, prieurs-curés. On y relève quelques actes méritant d'être notés :

Le 29 octobre 1746, baptême de Charles-César de Rigot, fils de Jean-Jacques de Rigot, capitaine d'infanterie au régiment de Gâtinais, et de Catherine Marchand de Château-renard.

Le 23 novembre 1717, mariage de Basile-Bénédict d'Agout, seigneur de Rochebrune, fils de François d'Agout, et de Madelaine de Fontfroide, avec Marie de Rigot, fille de César de Rigot de Barjac d'Hilaire et de Judith du Port de Pontcharra.

Le 19 janvier 1774, mariage de Claude-Josué de Durand, seigneur de La Molinière, capitaine au corps royal de l'Artillerie, fils d'André de Durand, avec Marguerite de Rigot, fille de Jean-Jacques de Rigot.

A signaler également des baptêmes et des mariages célébrés par Rozan et Marcel, pasteurs du désert.

Instruction Publique

Les archives ne permettent pas de donner beaucoup de détails ni sur l'école, ni sur les instituteurs, ni sur l'enseignement qu'ils donnaient.

Comme dans la plupart des communes rurales, les classes ne vaquaient pas régulièrement ; elles étaient ouvertes tantôt pour 6 mois, tantôt pour l'année, tantôt elles restaient fermées plusieurs années de suite.

Cette situation provoqua des observations des autorités supérieures ; ainsi en 1746, Souchon, subdélégué, se plaint aux Consuls de certains abus, notamment de l'absence de l'instituteur ; ceux-ci répondent : ils font leur possible pour avoir un maître d'école, n'en congédient aucun et le paient au prorata de ses services.

Les classes furent fermées en 1765, en 1772.

Les instituteurs, dont le savoir était très léger, se louaient, tels les domestiques de nos jours ; la plupart venaient des Hautes-Alpes ou de l'Isère ; Etienne Giraud, en 1783, se dit de la Valouise.

Leur salaire était déplorablement insuffisant, aussi étaient-ils obligés de se livrer à d'autres occupations et l'école en souffrait ; ils étaient chantres à l'église, sonneurs des cloches, barbiers, cordonniers, tailleurs, etc.

En 1660, l'instituteur est payé 12 livres ;

En 1712, pour 6 mois, l'instituteur est payé 30 livres ;

En 1740 il est payé 120 livres ; 50 en 1742 ; 50 en 1746 ; 120 en 1751.

Duclaux qui se qualifie de « Régent de la jeunesse » et signe « Duclaux persepteur », reçut cinquante-huit livres « sans préjudice, déclare-t-il, dunne livre dix sols, en mai 1752 ».

L'instituteur toucha 120 livres en 1754 ; 80 en 1757 ; 60 en 1774.

En 1773, l'instituteur Garaix gagnait 60 livres, et comme peseur public au moulin, il recevait un liard par quintal de grains pesés.

Liautard, dans une quittance de 1748, se qualifie de « mettre de colle » et reconnaît avoir reçu 97 livres 2 sols et 3 deniers pour 9 mois et 21 jours.

Chaffoix de Vesc fit un marché avec les Consuls par lequel il s'engageait à tenir les « petites écoles » pendant 5 mois, à raison de 9 livres par mois.

En 1770, l'instituteur est payé 72 livres ; 50 livres en 1774 ; 72 pour 6 mois en 1776 ; 120 en 1786 ; 80 en 1790. Quelle instruction pouvaient donner ces pauvres instituteurs. L'un d'eux délivra la quittance suivante : « J'ai reçu de François James, douze livre pour le louage de la

L'ÉCOLE DE LA PAILLETTE

chambre que j'ai fourni pour dire *Lecolle*, pendans deux année. Ce 19° *join* 1783. » — A. Boisse.

En l'an III, l'instituteur était M. Jacques Astier, natif d'Aspres (Hautes-Alpes) ; en 1813, c'était M. Jean-Louis Bonhomme.

On payait 10 francs pour le logement de l'instituteur en 1819.

Dès 1834, l'école est régulièrement tenue ; le nombre d'instituteurs qui se sont succédé dans la commune, à La Paillette, depuis cette époque jusqu'à nos jours, est relativement peu considérable ; en voici la liste :

MM. ARCHER, déporté en Algérie, de 1834 à 1851 ;
  GROS, de 1851 à 1853 ;
  MARTIN, de 1854 à 1862 ;
  BEAUMONT, de 1862 à 1865 ;
  BEAUX, de 1865 à 1866 ;
  LIOTARD, de 1866 à 1872 ;
  SAUVET, de 1872 à 1874 ;
  ROMAN, décédé à La Paillette le 3 février 1896, de 1874 à 1896 ;
  GIRARD, de 1896 à 1919.

Nous n'avons pu établir la liste complète des instituteurs ayant dirigé l'école de Montjoux.

Les Ecoles

La commune possédait naguère deux écoles mixtes : l'une située au chef-lieu, créée en 1874, établie dans un bâtiment dépendant autrefois de la Fabrique de l'Eglise et supprimée le 1ᵉʳ octobre 1914, appartenant maintenant au Bureau de Bienfaisance ; l'autre au hameau de La Paillette. Celle-ci est installée dans une construction récente (1884), et très convenablement aménagée à la suite d'améliorations successives ; la classe est vaste, spacieuse, bien éclairée, répondant à tous les besoins de l'hygiène.

Il n'en a pas toujours été ainsi ; elle occupa longtemps la maison que la commune possède au quartier du Moulin et affectée depuis au logement du garde champêtre ou du cantonnier communal.

Elle fut transférée ensuite dans le hameau même de La Paillette où elle occupa successivement les maisons portées au plan cadastral sous les n°ˢ 930, 906, 910, 925 ; la classe et le logement étaient à l'avenant, généralement exigus, sombres, humides et inconfortables ; les élèves au nombre de plus de 50 étaient entassés par 6 ou 8 dans de longues tables fort incommodes.

La construction de l'école actuelle fut entreprise et menée à bonne fin, grâce à une subvention de l'Etat s'élevant à 13.000 francs ; la part de la commune fut de 8.175 francs, et pendant 30 ans l'emprunt qu'elle avait nécessité a exigé une lourde annuité de 433 fr. 33.

CAISSE DES ECOLES. — Une Caisse des Ecoles a été créée le 8 février 1883 ; elle donne gratuitement les fournitures scolaires aux élèves indigents ; sa situation financière est des plus prospères ; à titre de renseignement, voici quel a été son budget en 1913 :

		Fr.
Recettes. —	Subvention de la Commune	30 »
	Don de M. Mourier, Maire et Conseiller général	50 »
	Collecte au banquet du 14 juillet	60 »
	En caisse au 1ᵉʳ janvier 1913	379 95
	Total	519 95
Dépenses. —	Fournitures scolaires en 1913	45 40
	En caisse au 31 décembre 1913	474 55

Ajoutons pour être complet, que M. Mourier donne depuis 1907, un livret de Caisse d'épargne d'une valeur de 50 francs à tous les élèves fréquentant les écoles de la commune qui obtiennent leur certificat d'études.

C'est là un précieux encouragement pour les enfants et un stimulant pour les parents à les envoyer régulièrement en classe ; d'un autre côté c'est un généreux exemple de la part du donateur qui montre ainsi qu'il n'a oublié ni son village, ni la modeste école où, tout jeune, il est venu s'instruire.

La Mairie

Longtemps elle s'est confondue soit avec le domicile des maires, soit avec celui des instituteurs, généralement secrétaires de mairie.

Les changements fréquents de Consuls autrefois, de Maires depuis la Révolution, ont été particulièrement défavorables à la bonne conservation des archives.

L'ignorance de la plupart les portait à n'attribuer que peu de valeur à des pièces d'importance capitale. Les archives étaient entassées pêle-mêle dans un coffre (caisse en bois); les rats, est-il expliqué dans une délibération, s'y introduisirent et rongèrent la plupart des papiers ; on décida alors (1787), l'achat d'une armoire pour les ranger ; elle coûta 75 livres et fut payée le 10 novembre 1788 ; ce meuble existe encore dans la mairie actuelle.

C'est ainsi que les archives communales sont peu importantes et présentent des lacunes déconcertantes pour le chercheur ; les registres de l'Etat civil sont très incomplets et ne remontent pas au-delà de 1661.

La Mairie actuelle a été construite en même temps que l'école (1884) elle est vaste, bien éclairée ; elle possède des meubles et des étagères en nombre suffisant pour classer les archives convenablement.

Les Maires

Avant la Révolution la commune était administrée par deux consuls assistés de quatre conseillers. Le premier maire fut M. David-Jean-Etienne Sambuc, élu le 30 janvier 1790 et qui abandonna ses fonctions lorsqu'il fut élu juge de paix. Les principaux événements auxquels lui et ses successeurs furent mêlés ont été mentionnés plus haut ; il nous suffira d'établir ici la liste complète de tous les magistrats qui ont géré les affaires depuis 1790 jusqu'à nos jours :

MM. SAMBUC David-Jean-Etienne, du 30 janvier 1790 au 13 novembre 1791 ;

VACHON Jean-Pierre, du 13 novembre 1791 au 16 décembre 1791 ;

SAMBUC David-Jean-Etienne, du 16 décembre 1792 au 15 brumaire an IV ;

POUZET (agent municipal), du 18 frimaire an IV au 16 floréal an V ;

ROUSSET (agent municipal), du 14 floréal an V, à l'an VII ;

SAMBUC Elie, du 15 brumaire an VII au 30 janvier 1817 ;

CHAUVIN Jean-Claude, du 30 janvier 1817 à 1830 ;

SAMBUC Elie, de 1830 au 15 juillet 1850 ;

ROUSSET Paul, du 31 août 1850 au 2 décembre 1851 ;

MORIN Jean-Pierre, de 1852 à 1855 ;

TURC Jean-François, du 6 juillet 1855 au 16 avril 1867 ;

ROUSSET Paul, du 5 mai 1867 au 24 octobre 1872 ;

VACHON Frédéric, du 24 octobre 1872 au 26 février
  1874 ;

JOUBERT Auguste, du 26 février 1874 au 22 juin
  1876 ;

RASPAIL Pierre, du 8 octobre 1876 au 21 janvier
  1878 ;

GRESSE Auguste, du 21 janvier 1878, à mai 1880 ;

RASPAIL Henri, de mai 1880 au 23 janvier 1881 ;

GUIS Alfred, du 23 janvier 1881, au 18 juin 1884 ;

TURC Adrien, du 18 juin 1884, au 20 mai 1888 ;

RASPAIL Pierre, du 20 mai 1888 au 16 juillet 1895 ;

RASPAIL Henri, du 16 juillet 1895 au 15 mai 1904 ;

MALET Emile, du 15 mai 1904 au 2 juillet 1905 ;

RASPAIL Paul, du 2 juillet 1905 au 17 mai 1908 ;

MOURIER Léopold, du 17 mai 1908, au...

(Maire actuel.)

Cadastre — Biens Communaux

Les limites de la commune, bien qu'elles aient varié sur
certains points ont toujours été assez précises sans cependant être formées partout par des obstacles naturels.

Plusieurs cadastres en ont affirmé l'existence notamment
vers 1637, en 1732 et vers 1800.

Déjà le 30 octobre 1496, les limites avec Vesc avaient été
fixées à la suite d'une transaction sur procès, entre Raymond de Vesc, seigneur d'Espeluche et coseigneur de Vesc,
Pierre de Vesc, seigneur de Comps, pour eux, pour l'évêque de Valence et les autres coseigneurs de Vesc absents,
Baron, consul de Montjoux, Guinard, Marcon, etc., habitants du lieu, autorisés par leur seigneur, Claude de Vesc,
Etienne Turc et Laurent Morin ; elles avaient été ainsi

fixées : la première en pierre est près du ruisseau de la Penne ; la deuxième dans le chemin de la Penne ; la troisième en l'Adrech de la Penne ; la quatrième sur un tertre ; la cinquième en Feyssole, près d'un rocher.

Pour le dernier cadastre, les opérations commencèrent sur le terrain en 1827, elles furent terminées en 1829 et l'ensemble achevé en 1830 ; la surface totale de la commune est ainsi répartie :

	hectares, ares, cent
Terres labourables. . . . . :	393 94 64
Prairies	25 53 79
Terrains plantés	37 92 34
Bois	1.227 46 38
Landes	95 97 03
Sol occupé par les maisons et cours.	2 42 25
Chemins, places publiques, sols d'églises, de cimetières	10 02 74
Rivières et ruisseaux	40 62 30
	1.833 91 47

Les limites avec Vesc furent longtemps un sujet de contestations ; la situation, il est vrai, était des plus bizarres ; La Paillette appartenait partie à une commune, partie à l'autre. Le chemin venant de la Combe des Marets et allant à Vesc, formait délimitation ; les maisons et les terrains à droite étaient rattachés à celle-ci, et les autres à Montjoux. On en arriva à admettre plus tard, que sauf pour deux, les maisons dont la porte d'entrée serait tournée vers Feyssoles, seraient de Vesc et les autres de Montjoux.

Ces conditions défectueuses ne pouvaient se perpétuer parce que les deux communes pour s'assurer la possession de telle ou telle maison l'inscrivaient toutes deux sur leurs rôles d'impôts et les malheureux habitants ainsi disputés, payaient doubles contributions.

De part et d'autre on nomma des commissaires pour fixer définitivement les limites ; MM. David-Jean-Etienne Sambuc, Etienne-Barthélemy Bégou et Charles Candy, représentaient Montjoux et MM. Chastan, André Brunet et Pierre Defaysse, Vesc. Leur rapport daté du 3 juin 1791 consacra les limites actuelles ; près de La Paillette elles sont ainsi indiquées :

L'une, avec l'inscription « la loi 1791 » était placée contre un rocher de la propriété Jean Allemand, au Fournas ; la deuxième avec les mots « 1791, liberté », à l'extrémité du pré de M. Sambuc, actuellement de Mme Clément, et elles étaient réunies par une ligne droite. Les concessions de la commune de Vesc étaient compensées par un abandon de territoire vers la Combe des Marets.

En 1827, Vesc tenta de revenir sur cet accord et d'obtenir l'incorporation d'une partie de La Paillette parmi son territoire, mais le Conseil municipal de Montjoux, par une délibération du 30 octobre 1827, fortement et longuement motivée, repoussa ses prétentions.

La situation singulière de La Paillette que nous notons plus haut, à cheval sur les limites de deux communes avait permis au notaire de Vesc, de transférer son étude dans ce hameau, plus à proximité de Dieulefit, sans cesser d'être domicilié dans la commune de Vesc ; profitant de la situation acquise, il continua de demeurer à La Paillette, lorsque les limites ayant été rectifiées ce hameau fit partie de Montjoux en totalité.

Le quartier de la Penne de Vesc paraît avoir formé une agglomération très distincte de Vesc, et avoir souhaité son adjonction à notre commune.

Nous avons constaté, en effet, que le 25 juin 1790, « Pierre Thomas, consul moderne de La Penne, demande la réunion de la Penne à Montjoux, vu qu'avec ses onze habitants, La Penne ne peut organiser une municipalité régulière ». Les habitants de Montjoux y consentirent ; le Directoire de Montélimar donna un avis favorable le 3 décembre 1791, et celui du département de la Drôme ordonna cette réunion le 2 janvier 1792.

Nous n'avons pu connaître pourquoi ces décisions ne reçurent pas d'exécution.

Le 19 pluviôse, an X, le Conseil municipal de Montjoux demanda, sans succès, à ce que la commune de Teyssières, qui n'avait pas l'importance d'aujourd'hui, fût réunie à Montjoux.

Biens Communaux

La commune n'a pas de terres, bois ou prés qui soient communaux, mais elle en a eu. Sous la Révolution les biens du clergé et certains biens nobles furent déclarés biens nationaux et vendus aux enchères.

Dans une délibération du 4 août 1790, la Municipalité décide, après l'autorisation donnée le même jour par le Conseil général, formé par le Conseil municipal, et des Notables en nombre double, élus par les citoyens, d'acquérir les domaines nationaux suivants dont l'adjudication devait avoir lieu à Montélimar le 29 mars 1791 :

Une prairie au quartier des Prades ;

Une terre labourable, moitié complantée en vigne, quartier des Portes ;

Une pièce de terre, quartier des Cures, pied de Chovac ;

Une pièce de terre joignant l'église, la maison curiale, et le cimetière, — une sétérée non compris le jardin et le cimetière.

De plus, conformément à la loi du 17 juillet 1793, on reprit à l'ancien seigneur une certaine étendue de terre ; la lutte fut âpre entre les parties et mérite qu'on y insiste.

Dès le 29 septembre 1793, le Maire, M. Sambuc, et les Officiers municipaux arrêtent, en conformité de la loi du 17 juillet 1793, que les ci-devant seigneurs, feudistes, commissaires, notaires ou tous autres dépositaires de titres constitutifs ou recognitifs de droits seigneuriaux, seront tenus dans les trois mois, à compter de ce jour, de déposer au greffe de la Municipalité, tous titres concernant les droits supprimés par ledit décret, même ceux conservés par celui du 28 août dernier pour être brûlés à l'expiration des trois mois, à peine par ceux, qui les tiendront cachés, qui les soustrairont ou recéleront, d'être condamnés à cinq ans de fers, en conformité de ladite loi.

La commune s'appuyant sur les lois des 28 août 1702 et juin 1793, réclama les hermes, garigues, ramières et montagnes possédés par le citoyen Claude-Esprit de Rigot, ci-devant seigneur de Montjoux. Elle désigna un arbitre, le seigneur également, et le 26 brumaire an II, les arbitres, en présence des parties se rendirent : 1° à la montagne de Chovac ; à celle placée au nord de la maison du citoyen Rigot ; 3° à la terre et ramière attenant au midi de la dite maison, au nord de la rivière du Lez.

Après cette visite il fut reconnu que les montagnes, hermes, garigues et ramières étaient de la nature de celles accordées par lesdites lois à la commune ; il s'agissait de concilier à la fois l'intérêt et les convenances des parties.

La population, on le voit, était pleine d'égards pour son ex-seigneur ; témoin encore une pièce où il est dit :

« Les habitants de Montjoux, dans les temps pénibles de la Révolution, plus particulièrement pour les ci-devant seigneurs, eurent des attentions pour préserver le citoyen

*Rigot et son château des naufrages arrivés à d'autres ci-
devant seigneurs ; ils nommèrent le citoyen Rigot officier
municipal, au point que rien n'est arrivé ni à luy, ni à ses
propriétés, et dans cette occasion ils comblèrent la mesure
en s'empressant de faire prendre une délibération à son conseil général, toujours en présence et d'accord avec le citoyen
Rigot, le 1er frimaire an II, concernant l'étendue des pouvoirs demandés par les arbitres. »*

Les arbitres cherchèrent à savoir : si Rigot avait des
actes authentiques qui, en dehors de ses propriétés cultivées, établissent sa légitimité comme propriétaire des bois,
garigues, herbes, ramières, terres incultes qu'il possédait
sur le territoire de Montjoux. Et si ayant quand même des
titres légitimes, il n'était pas tenu d'abandonner à la commune les parties désignées dans les lois du 28 août 1792 et
10 juin 1793, et s'il ne devait pas être déchu de tous droits
sur les propriétés dudit Montjoux.

Les arbitres considérèrent que l'acquisition faite par les
auteurs Rigot du propriétaire du fief ne paraissait pas former un titre légitime pour retenir les hermes, bois, garigues, ramières et montagnes dont il jouissait ; la vente
n'ayant pas été faite par des particuliers, la loi du 10 juin
1793, disposant que le titre légitime ne pourra être celui qui
émanait de la puissance féodale. Les lois susmentionnées
devaient recevoir leur application et obliger Rigot à délais-
ser à la commune les étendues indiquées plus haut, sauf la
montagne au nord du château.

La population demanda le partage des biens communaux.
M. Elie Sambuc promit, le 18 fructidor an IV, de faire le
partage de Chovac moyennant la somme de 900 livres, étant
entendu que les bois coupés pour tracer les limites seraient
sa propriété, mais qu'il supporterait les frais de coupe.

Le tirage au sort des lots résultant du partage de Chovac, partie plate, eut lieu le 4 vendémiaire an V, par les 79 chefs de famille, représentant 429 personnes, et pour la partie en pente, il eut lieu le 11 vendémiaire de la même année.

L'étendue mentionnée plus haut comme étant au midi du château nous paraît être l'immense ramière qui existait autrefois entre le champ du Mié et le Lez.

Elle dut être échangée, faut-il supposer, par la partie appelée les Prades, laquelle fut, on le sait, partagée comme Chovac, à la même époque et dans les mêmes conditions.

La commune possédait, il y a peu d'années encore, une étendue de bois à la Lance, section D, n° 313 du plan cadastral, d'une étendue de 2 hectares, 56 ares, 20 centiares. Elle l'aliéna à M. Pierre Blanc, habitant aux Catinoux, à la suite d'une mise aux enchères qui eut lieu le 30 avril 1876, le prix s'éleva à 430 francs, et le montant en fut attribué au Bureau de Bienfaisance.

Impôts

A en juger par leurs plaintes réitérées, les charges des contribuables devaient être particulièrement lourdes.

En 1608 on adresse une requête au Parlement pour faire défendre à Pourroy, receveur général, d'imposer les habitants à cause des dettes villageoises, pour avoir « tousiours payé de ce qui a esté de leur cotte et ratte part, par des impositions mises sur le peuple qu'ils en sont presque ruinés. »

« Privée d'industrie et de commerce, est-il écrit en 1758, ses charges l'écrasent ; ses fonds pour la plupart sur côteaux et montagnes ne sont pas cultivés par crainte de la maîtrise des eaux et forêts ; la plaine est traversée par le Lez et la Veyzanne et par trois torrents qui emportent le meilleur de leur sol. »

Les guerres qui, longtemps, troublèrent les diverses parties de la France, furent ressenties dans la commune qui eut à en souffrir durement sans doute. Ainsi, en 1630, on adresse une requête au Parlement pour imposer 700 livres destinées à payer les dépenses des gens de guerre.

Il n'était pas jusqu'aux Bohémiens dont le passage ne fût marqué par des déprédations de toutes sortes et qu'on éloignait à prix d'argent ; en 1611, on leur donne 6 sols, un écu et demi à Bastian, leur capitaine, en 1617, et 34 sols en 1620.

Les principaux impôts, avant la Révolution, étaient la capitation, ou impôt sur les personnes, la taille ou impôt sur les terres, les aides ou impôts indirects, la gabelle ou impôt sur le sel.

Le premier s'élevait à 450 livres en 1712
— à 369 livres en 1741
— à 392 livres en 1751
— à 394 livres en 1757
— à 480 livres en 1783

La taille était de 335 livres en 1741
— de 390 livres en 1751
— de 402 livres en 1757
— de 402 livres en 1783

La perception de ces impôts était donnée en adjudication, et les collecteurs étaient rétribués en 1751, à raison de 7 deniers par livre pour la taille, et de 4 pour la capitation.

Ces contributions étaient encore accrues de toutes celles qu'il fallait verser au curé et qui s'élevaient annuellement à 380 livres environ, plus celles qui revenaient au seigneur, qui ont été en 1541, de 10 sétiers et 1 émine de blé pour fougage (droit sur l'habitation), de 4 sétiers, 1 émine de blé pour redevances foncières, 34 poules, 11 florins et 7 deniers argent, 20 ras d'avoine, 60 sétiers de grains des *tâches*, et un moulin banal avec droit de mouture à la côte 23.

Les charges étaient donc lourdes ; les revenus étaient minces ; les propriétés étaient loin d':tre de bon rapport comme à l'époque actuelle ; qu'on en juge : à cause de la dîme, les récoltes étaient évaluées avec soin ; en 1753, elles furent de :

288 sétiers de blé
600 sétiers de seigle
72 sétiers d'orge
192 sétiers d'épeautre
48 sétiers de légumes

En 1754 elles furent de :

240 sétiers de blé
72 sétiers d'orge
480 sétiers de seigle
144 sétiers d'épeautre
24 sétiers de légumes

Les mêmes plaintes reviennent : la commune est écrasée d'impôts. C'est qu'en effet si l'on se rapporte à l'année 1783, l'on trouve que la taille et la capitation s'élèvent ensemble à 882 livres ; il faut y ajouter les revenus faits à la cure 380 livres et les redevances dues au seigneur qui n'étaient pas moindres de 500 livres, soit un total global de 1.765 livres dont la valeur, comparée à notre monnaie actuelle serait de 7.060 francs.

Or en 1900, la commune dont les revenus sont plus du double d'alors a payé : 2.981 francs pour la part de l'Etat, 1.461 francs pour la part du département, et 2.713 francs pour la part de la commune, soit un total de 7.155 francs. Combien peu sont justifiées nos plaintes, comparablement à celles de nos aïeux !

En 1812, on crut trouver une petite ressource pour alléger les charges communales, en demandant d'affermer, au profit du budget, le droit de rechercher les truffes dans tout le territoire de Montjoux, « attendu, est-il dit, que ce ne sont des étrangers des villages environnants qui viennent les fouiller et commettent toutes sortes d'abus. »

Les impôts pour 1912 étaient fixés ainsi qu'il suit :

Part de l'Etat . . . . 2.678 fr.
Part du département. . . . . 1.763 »
Part de la commune. . . . . 2.507 »

Total . . . . 6.948 francs

Calamités

Autrefois, comme aujourd'hui, les calamités frappaient souvent la population et ne facilitaient pas l'acquit des impôts ; nous devons citer :

L'Hiver désastreux de 1670, la température fut rigoureuse et les chutes de neiges abondantes ;

La sécheresse et la grêle en 1718 ;

Les pluies des 31 août et 8 septembre 1722 ;

Les gelées du 14 au 24 avril 1743 ;

Les gelées de fin avril 1745 ;

Les inondations du Lez et de la Vessanne le 15 septembre 1745 ;

Les inondations des mêmes le 5 août 1747 ;

Les pluies et orages qui détruisirent la moitié des récoltes le 10 juillet 1751 ;

Les inondations des 30 novembre et 15 décembre 1753 ;

Les inondations du 6 mai 1759, des 23, 24 et 25 octobre 1795 ;

Les 10 et 11 novembre 1793 ;

LA PAILLETTE

Le Pont métallique après la crue du Lez du 22 juillet 1914

Les pluie et grêle du 6 août 1764 ;

Les gelées du 20 avril 1767.

A cette liste déjà trop longue il y a lieu d'ajouter :

L'inondation du 1er septembre 1840, où les eaux du Lez et de la Vessanne se joignirent sous les maisons de La Paillette et vinrent battre les murs de quelques-unes d'entre elles ;

Celle du 27 juin 1874, qui endommagea la passerelle de Montjoux et laissa les prairies riveraines recouvertes de gravier ;

Celle du 27 octobre 1886, pendant laquelle le Lez enleva le pont de La Paillette et faillit emporter l'école et la mairie, dont elle avait commencé d'affouiller les murs ;

Celle de 1907, où le Lez menaça gravement le village, puis se retira après avoir corrodé de grandes étendues de terres ; en amont du pont de La Paillette il élargit son lit d'environ 50 mètres ; la population se montra particulièrement inquiète ; le Conseil municipal pour la rassurer fit hausser, en 1908, les digues qui en défendent les approches.

Enfin celle du 22 juillet 1914 ; des pluies diluviennes tombent dès 4 heures du matin, toutes les cataractes du ciel sont ouvertes ; tous les torrents descendent en grondant des montagnes ; le Lez subit une crue formidable qui atteint son maximum vers midi ; des obstacles dévient ses eaux et les lancent dans la direction du hameau des Villes, elles reviennent sur La Paillette, heurtent violemment les digues placées en amont du pont, les enfoncent, coupent la chaussée qui relie le pont au village, affouillent la pile du pont rive droite, qui s'enfonce, entraînant le tablier métallique qui, toutefois, reste en équilibre sur les deux piles, 2 heures 15 minutes du soir. L'école très menacée est évacuée, l'instituteur déménage ; les archives les plus importantes de la Mairie sont placées en lieu sûr.

Les eaux baissent lentement; vers 8 heures du soir, le péril a perdu de sa gravité. Les dégâts sont considérables, certains riverains sont cruellement atteints ; toutefois il n'y a pas eu d'accident de personne.

Le jeudi 23, M. Jouffroy, sous-préfet de Montélimar ; M. Escoffier, agent-voyer d'arrondissement ; M. le capitaine de Gendarmerie visitent la commune et constatent combien le désastre est grand ; leur visite est suivie le 24 de celle de M. Bertrand, agent-voyer en chef ; de M. Escoffier, agent-voyer d'arrondissement et de M. Geniés, agent-voyer cantonal, qui étudient les travaux à exécuter d'urgence, que, d'ailleurs, la guerre, qui sera déclarée le 3 août, empêchera d'entreprendre.

L'hiver de 1917 fut particulièrement long et rigoureux ; la neige tomba dès le 8 janvier, puis à plusieurs autres reprises, l'épaisseur arriva à être de 0^m·60 environ ; elle couvrit le sol tout le mois de janvier et de février ; le thermomètre marqua 18° au-dessous de zéro. La population de Dieulefit fut très éprouvée : elle n'avait pas de charbon à cause de la guerre, et pas de bois dans l'impossibilité où étaient les charretiers de faire les transports.

Recensements et Population

Il nous est impossible de donner des renseignements précis sur la population de la commune dans les siècles précédents bien que l'on ait procédé plusieurs fois au dénombrement. Le 4 vendémiaire an 5, lors du partage de Chovac il est trouvé 79 chefs de famille représentant 429 personnes.

Les documents existant dans les archives donnent les indications suivantes :

Années	Montjoux	La Paillette	Population totale de la Commune
1841			570
1866	82	164	520
1872	82	181	559
1876	86	170	526
1882	96	156	524
1886	74	172	486
1891	80	141	420
1896	57	102	350
1901	37	102	295
1906	47	91	272
1911	46	93	265

La dépopulation, constante et régulière, est due à plusieurs causes : à l'ouverture des voies de communication qui ont déplacé les centres commerciaux ; à la décadence de l'industrie de la poterie à Dieulefit qui exigeait d'énormes quantités de bois de pin et les payait un prix très rémunérateur, 2 fr. 80 à 3 francs les 100 kilos, contre 1 fr. 60 actuellement ; l'exploitation des bois occupait un très grand nombre de bûcherons et fournissait la subsistance de beaucoup de familles ; enfin la généralisation du service militaire, la diffusion de l'instruction et le désir du bien-être ont activé l'exode de familles entières, mais spécialement de la jeunesse. Bien que, à l'heure actuelle, les revenus de la population soient incontestablement supérieurs à ceux d'il y a cinquante ans, elle n'en diminue pas moins, et il est à supposer qu'elle ne s'arrêtera guère qu'aux environs de 150 à 200 habitants.

Un certain nombre de familles ont émigré en Algérie où quelques-unes ont conquis une large aisance.

Routes et Chemins

Depuis longtemps Montjoux est réuni aux communes environnantes par des chemins en plus ou moins bon état de viabilité ; à cause du Lez et de la Vessanne qui séparent les diverses agglomérations, il a fallu de tout temps, entretenir des planches ou des ponts en bois, ce qui, à la fin, devenait très onéreux.

Le 9 février 1712, on décida de construire un pont de bois sur le Lez, pour aller au moulin du château et à Dieulefit, et un autre sur la Vessanne, près de La Paillette, et d'exiger un péage de 6 deniers par piéton et de un sol par cavalier.

Pour les planches des rivières, on dépense 10 livres en 1740, 10 en 1751, 12 en 1754.

Le chemin de grande communication n° 12, de Dieulefit à Valréas et le pont de pierre sur le Lez furent construits de 1816 à 1833.

Le pont actuel sur la Vessanne date de 1833, et le chemin d'intérêt commun n° 30, du Serre à Teyssières, a été construit en plusieurs parties de 1867 à 1883 ; la promenade à proximité de La Paillette fut plantée en tilleuls en 1910.

La route de La Paillette à Vesc fut longtemps à être

mise dans un état convenable de viabilité sur toute sa longueur, il faut attendre jusqu'en 1860 pour que les voitures y puissent circuler assez commodément.

Le chemin de La Paillette à Montjoux est très ancien ; en 1882 on construisit près du hameau un joli pont en pierre, mais la crue de 1886 l'enleva, et on le remplaça, en 1889, par le pont métallique actuel, plus long que le premier ; sa pile de la rive droite, affouillée par les eaux lors de la crue du 22 juillet 1914, s'enfonça en amont de 2 mètres et le tablier fut disloqué.

De Montjoux au chemin de grande communication n° 12, on ouvrit une route en 1880 ; menacée de destruction par le Lez sur une assez grande longueur, on la reconstruisit en 1901, mais en lui faisant traverser le village.

Montjoux, Barjols et le Serre étaient réunis par un chemin qui servait en même temps de ruisseau ; on franchissait la rivière sur une passerelle utilisable seulement par les piétons. On a remplacé le tout par une route commode et un beau pont métallique sur le Lez, inaugurés le 17 novembre 1912, avec la présence de M. Jouffroy, sous-préfet à Montélimar, qui témoigna toujours le plus vif intérêt à la commune et à son maire.

En 1913, pour relier les deux rives du Lez, au quartier des Ravoux, on a établi une belle passerelle qui ne redoutera guère les plus grosses crues.

La même année on procéda à l'élargissement de la principale rue de La Paillette, très étroite, tortueuse, pleine de danger avec une circulation intense.

Enfin, pour couronner l'embellissement du hameau, M. Mourier, maire, acheta le terrain placé à l'intersection de la route de Dieulefit et de celle de Vesc et établit en reculement une place dégageant bien le centre de La Paillette ;

il désire en faire don à la commune quand elle sera terminée complètement.

La commune, sur les instances du Conseil municipal et du Maire est bien desservie au point de vue postal ; dès 1913, elle a obtenu une deuxième distribution ; au commencement de 1914, le téléphone a été installé et a fonctionné dès le 1er mai.

Fontaines Publiques

Le sol de la commune, très fissuré et très perméable, est peu favorable à la formation des nappes souterraines ; aussi les ressources hydrologiques de son territoire sont-elles peu abondantes et les belles sources assez rares. Longtemps Montjoux et La Paillette n'ont eu pour s'abreuver que des eaux de rivière, ou de puits, ou de simples puisards ; l'hygiène avait beaucoup à redire sur cet état de chose déplorable ; une épidémie assez violente de fièvre typhoïde en 1895 et 1896, et une plus légère en 1901, attira l'attention sur la nécessité d'avoir de bonne eau potable. Justement préoccupées de cette fâcheuse situation, après des recherches, des études, des tâtonnements, la population de La Paillette et la Municipalité décidèrent d'amener l'eau d'une source qui émerge près d'un ruisseau ; au-dessous des Gensels, hameau de Vesc, situé à 2 kilomètres d'ici.

Après des retards considérables, dus à des mésintelligences parmi les habitants, grâce à une souscription publique s'élevant à 1.025 francs, à un emprunt de 4.055 francs et à une subvention de l'Etat sur les fonds du pari mutuel de 6.720 francs, l'adjudication fut donnée en 1908, les travaux se terminèrent la même année. Le hameau était doté d'une eau potable que les analyses avaient révélé de tout premier ordre ; malheureusement la source était trop peu abondante et en 1911, M. Mourier, maire, fit ajouter, à ses frais, les eaux des sources du Maupas, qui ont la même provenance que celle des Gensels ; l'alimentation en eau se trouve ainsi assurée.

A Montjoux, la solution de la même question avait été résolue dès 1871 à la suite de l'initiative de quelques particuliers ; mais la fontaine reste propriété privée bien qu'elle soit laissée à la disposition des habitants.

Toutefois, le lavoir construit en 1908 est propriété communale.

Le Château

La famille de Rigot, portant les titres de comte, de marquis et de baron de Montjoux, posséda le château jusqu'en 1837 ; le dernier membre de cette famille fut Jean-Joseph de Rigot, lieutenant-colonel en retraite, chevalier de Saint-Louis et signant : le chevalier de Montjoux, qui mourut le 17 octobre 1838 ; son frère aîné, Claude-Esprit de Rigot, seul possesseur du château, mort à Fribourg, en Suisse, en 1833, avait institué pour héritier, après la mort de son frère, son neveu Augustin-Esprit François-Hector Caton de Thalas, fils de sa sœur, Julie-Madeleine, mariée en 1788 à César-Caton de Thalas, garde du corps du roi Louis XVI. M. Jules Caton de Thalas qui vivait il y a quelques années et qui avait épousé Mlle Amélie de Bonfils, était le fils d'Augustin-Esprit-François-Hector ; il avait feu de ce mariage, Gaston, Adolphe et Louis.

A la suite d'affaires malheureuses, le château fut mis en vente en mars 1881 et acquis par M. Perdu, ingénieur.

Après des tentatives diverses et infructueuses dans l'exploitation de la propriété, il fut amené à son tour à la vendre ; elle fut achetée, vers 1893, par M. Auguste Guerrier qui la remit, il y a quelques années (1912), à son fils ; celui-ci l'a cédée, en 1918, à M. Charrasse.

Etude de Notaire

Il y a peu d'années encore notre commune possédait une étude de notaire qui fut, en son temps, des plus prospères. Précédemment cette étude dépendait de Vesc ; elle fut transférée à La Paillette à la suite de l'attribution à Montjoux de la totalité du hameau, ainsi que nous l'avons raconté plus haut.

Les notaires ayant résidé à La Paillette furent : MM. Piollenc, Aumage, Guis, Bertrand.

M. Guis fut, quelque temps, maire de Montjoux.

M. Bertrand fut notaire à Dieulefit, maire de cette commune et conseiller général de nòtre canton.

L'étude de notaire, dont les archives sont déposées à Dieulefit, fut supprimée en 1897, après être restée vacante depuis 1883.

Grands Hommes

La commune de Montjoux n'a pas produit précisément d'hommes illustres, mais seulement quelques hommes remarquables. Nous pouvons citer :

Aimar de Vesc, évêque de Vence, au 15me siècle ;

Jean de Vesc, évêque de Vence d'abord, où il fut remplacé par son frère Aymar, transféré à l'Evêché d'Agde en 1494 ; il prit une part active aux délibérations des Etats du Languedoc et le présida plusieurs fois, notamment en 1503, 1511, 1512.

Pierre de Vesc, homme de guerre au 16e siècle ;

Jean de Vesc se convertit au protestantisme ;

Esprit de Rigot, au 17me siècle, exempt des gardes du corps, exposa plusieurs fois sa vie pour sauver Henri IV.

LE CHÂTEAU

Un coin de la cour intérieure

Quelques autres encore furent officiers dans l'armée française ;

M. David-Jean-Etienne Sambuc, le premier maire, élu ensuite juge de paix ;

M. Elie Sambuc, qui a été le maire ayant rempli le plus longtemps ses fonctions.

Il y aurait lieu de mentionner encore un assez grand nombre de ses enfants qui lui font honneur par les brillantes situations qu'ils ont conquises par leur énergie et leur intelligence.

QUATRIÈME PARTIE

La Grande Guerre

(1914-1918)

Notre notice sur Montjoux était achevée et à bref délai elle aurait été livrée à l'impression quand survint la Grande Guerre de 1914-1918, dont les répercussions furent grandes dans notre petit village ; nous aurions été incomplet si nous n'y avions consacré quelques pages.

Origines du Conflit

Le prince héritier d'Autriche avait été assassiné en juin 1914 à Serajevo, la capitale de Bosnie dans la péninsule des Balkans ; la Serbie fut accusée d'avoir provoqué le meurtre par ses excitations, et sa puissante voisine lui déclara la guerre.

La Russie, sa protectrice, mobilise pour défendre ce petit État slave ; l'Angleterre et la France interviennent vainement pour maintenir la paix en Europe ; la tension devient extrême et générale, la situation s'aggrave d'heure en heure, la France prend des précautions.

Dès le 31 juillet, vers quatre heures et demie, la Mairie est avisée de l'imminence de la réquisition des chevaux, les propriétaires sont invités d'urgence à ne pas s'éloigner.

Mobilisation Générale

Samedi 1ᵉʳ août, journée d'attente angoissée pour l'adjoint faisant fonction de maire et pour nous. Dès huit heures du matin, par téléphone, nous sommes priés de ne pas nous éloigner en vue de graves éventualités ; nous n'en disons rien pour ne pas jeter l'alarme parmi la population ; nous restons en permanence près du téléphone ; à 16 heures 40 minutes, la fatale dépêche ; nous prenons un récepteur, de l'autre main nous écrivons la dépêche, mais la violence de l'émotion nous fait trembler.

Des copies de la dépêche sont immédiatement portées dans les hameaux par des bicyclistes et affichées.

A dix-sept heures, arrivée d'une automobile, un gendarme en descend et remet à la Mairie les affiches de la mobilisation générale et de la réquisition des chevaux ; aussitôt garnies, elles sont, par bicyclistes encore, expédiées et affichées dans les mêmes hameaux.

Enervés par les inquiétudes croissantes des jours précédents, les paysans quittent les champs de meilleure heure, ils lisent, et sont consternés ; des femmes pleurent ; les enfants comprennent et cessent de jouer ; un terrible concert de malédictions s'élève contre les auteurs de la guerre que l'on devine inévitable.

A la veillée la population est dans les rues, dans les cafés, l'agitation est extrême, mais l'on n'est plus abattu, une fièvre patriotique admirable secoue tout le monde, les vétérans de 1870 ne sont pas les moins ardents ; l'humeur belliqueuse de nos ancêtres revit tout entière.

Déjà le lendemain matin 2 août, des mobilisés partent et le 3 août, l'Allemagne nous déclare la guerre.

Les Classes et les Hommes mobilisés

Au 16 août, la commune a déjà trente de ses enfants sous les armes ; ce nombre ne fera que s'accroître par suite des appels successifs de nouvelles classes, d'anciens réformés ou dispensés.

Dès le mois d'octobre on appelle la classe de 1915, elle fournit 2 soldats.

En mars 1915, c'est le tour de la classe de 1916 recensée en décembre 1914 avec 3 conscrits.

En avril 1915, la classe de 1917 apporte 6 beaux conscrits.

En décembre 1916 on recense la classe de 1918 ; on appelle la classe de 1919 avec 3 conscrits dont l'un est réformé.

Enfin en août 1918, on recense la classe de 1920 qui fournit 2 hommes ; la fin de la guerre survenant en novembre, ils ne sont pas appelés.

Le nombre total de mobilisés appartenant à la commune s'est élevé à 61, ce qui est bien considérable pour une population de 265 habitants ; notons cependant qu'il n'y a jamais eu 61 soldats présents à la fois sous les drapeaux.

Morts pour la France

Nos enfants n'ont pas dégénéré, ils ont combattu aussi vaillamment que leurs aïeux de la Révolution, ils ont accompli bravement leur devoir et ce n'est pas chez eux qu'il faut chercher des déserteurs.

Six d'entre eux sont tombés pour la France au champ d'honneur, saluons leur sacrifice héroïque !

Ce sont :

RASPAIL. HENRI, caporal, tombé à Saint-Blaize (Vosges), le 25 août 1914 ;

MORIN GUSTAVE, tombé à Moyenmoutiers (Vosges), le 27 août 1914 ;

BÉRARD LOUIS,. tombé au combat du Ménil (Vosges), le 28 août 1914 ;

BOMPARD LOUIS, tombé à Richecourt. (Meuse), le 27 septembre 1914 ;

TRAMIER ALFRED, blessé aux Dardanelles d'abord, puis tombé à Orahovo (Serbie), le 23 décembre 1916 ;

Et enfin BOMPARD MAURICE, tombé à Filain (Aisne), le 24 juin 1917, et inhumé à 500 mètres nord-ouest de la ferme Gerleaux, près du Chemin-des-Dames.

Morts dans les Hôpitaux

Cinq de nos soldats ont eu le malheureux sort de mourir de maladie dans les hôpitaux, loin du glorieux tumulte du champ de bataille où ils auraient. cent fois préféré tomber. Ce sont :

FAURE. HENRI, décédé le 2 juin 1916, à l'hôpital de Saint-Genis-Laval (Rhône) ;

MALET MARCEL, décédé le 9 août 1916, à l'hôpital de de Montélimar ;

MONARD HENRI, décédé le 23 mars 1917, à l'hôpital de Saint-Etienne (Loire) ;

JULIEN GUSTAVE, décédé le 19 septembre 1917, à l'hôpital Gama, à Toul (Meurthe-et-Moselle) ;

JULIEN LOUIS, décédé le 5 juin 1918, à l'hôpital de Bondonneau, près de Montélimar.

Blessés à la Guerre

Il est peut-être difficile d'établir la liste complète des blessés, car le plus grand nombre l'ont été quelquefois si légèrement, qu'ils n'ont pas quitté le front de combat, quelques-uns l'ont été plusieurs fois.

Citons : BOUCHET Gaston, BOUCHET Henri, BOUCHET Jules, GROS Albert, GROS Henri, MORIN Adrien, MORIN Samuel, JAMES Alfred, atteint d'une balle au bras, à Perthes, le 25 septembre 1915, à la bataille de Champagne) ; COOK Paul, blessé par un éclat d'obus à la cuisse droite, à la bataille de Verdun ; TARDIEU Henri qui eut la poitrine traversée par une balle à Lihons (Somme).

Prisonniers de Guerre

Deux soldats seulement de la commune ont été faits prisonniers pendant cette guerre et leur captivité fût longue et cruelle, surtout à cause des privations matérielles de toutes sortes qu'ils endurèrent ; en vain les familles pour l'adoucir leur adressèrent des colis de pain, de viande, de chocolat, de sucre, de pommes de terre, des habits, des chaussures, beaucoup de ces colis ne parvinrent pas à leur adresse, d'autres fois ils furent allégés en route des choses les plus utiles, car les Allemands qui souffraient de la famine pensaient d'abord à se ravitailler eux-mêmes.

MIELLE Albert fut pris à Beaumont, en 1914, et interné successivement dans divers camps après plusieurs tentatives d'évasion.

BROC Elie fut capturé près du fort de Douaumont, à Verdun, le 1er juin 1916, peu après son arrivée sur le champ de bataille.

Ils furent rapatriés commencement janvier 1919, assez longtemps après la conclusion de l'armistice signée le 11 novembre 1918.

Citations et Croix de Guerre

La vaillance de nos soldats sur les champs de bataille ne se démentit pas pendant toute la durée de la guerre ; quelques-uns obtinrent des citations élogieuses avec la Croix de guerre. Nous citerons :

GAUDIN Charles ; SAMBUC Edouard, médecin-major de 1re classe, Légion d'honneur ; SAMBUC Alfred, sous-lieutenant au 8e génie ; BOMPARD Maurice, mort plus tard au champ d'honneur ; TRAMIER Alfred, tombé pour la France ; GROS Henri, MORIN Adrien, MORIN Samuel, BOUCHET Gaston, BOUCHET Henri, BOUCHET Louis, BOUDON Auguste, COOK Paul ; MORIN Louis, avec en plus la Médaille militaire ; COOK Charles, adjudant interprète dans l'Armée britannique, Médaille militaire ; RASPAIL Ernest, PONSON Paul.

Deux soldats, nés à Montjoux, mais ne l'habitant plus se sont fait remarquer également : JULIEN Ferdinand, de l'Armée d'Orient, adjudant, trois fois cité, Croix de guerre et Médaille militaire ; VERDAUD Victor, sous-lieutenant.

Secours aux Soldats

La France pacifique fut surprise par la guerre et se trouva fort dépourvue en toutes choses ; la population s'émut à la pensée que nos soldats auraient à passer l'hiver avec des effets insuffisants pour les abriter contre les morsures du froid ; elle résolut de seconder le Gouvernement sur ce point-là, et d'urgence se mit à l'œuvre.

Dans une réunion à la Mairie tenue le 30 août 1914, par toutes les femmes et les filles de la commune, un Comité est nommé pour prendre la direction de l'œuvre. Mme Guerrier est élue présidente ; Mmes Girard et Granjon, vice-présidentes ; Mlle Lina Raspail, secrétaire trésorière. Une souscription publique fut ouverte immédiatement, de dévouées quêteuses se présentèrent à domicile, la somme recueillie s'éleva à 709 fr. 80 ; l'effort était admirable pour une population réduite à 225 habitants. On confectionna des chemises chaudes, des bandes de flanelle ; on tricota des chaussettes et des tricots, on acheta des caleçons, des mouchoirs ; la main-d'œuvre fut abondante et absolument gratuite.

Dès le mois d'octobre on put adresser à chaque soldat de la commune un paquet contenant : un tricot, un caleçon, une chemise, trois paires de chaussettes, une bande de flanelle, deux mouchoirs, un savon, six épingles de nourrice, un cigare. En janvier on fit parvenir un second paquet avec une paire de gants chauds, deux paires de chaussettes, une couverture de laine, un crayon, deux cigares, une savonnette.

Ces modestes colis furent accueillis avec empressement par les bénéficiaires dont la plupart adressèrent de touchantes lettres de remerciements au Comité.

Quêtes et Journées diverses

Pendant les premières années des hostilités il y eut assez fréquemment des Journées nationales pendant lesquelles plus spécialement on sollicitait la générosité des populations en faveur de diverses œuvres de guerre ; la production de ces journées était assez variable ; leur périodicité trop rapprochée provoqua des récriminations et on les abandonna, leur rapport devenant insignifiant.

Le 7 janvier 1915, la vente du petit drapeau belge au profit des malheureux Belges chassés de leur patrie par l'invasion allemande, rapporta 23 fr. 50.

Un mois après, le 7 février 1915, ce fut la Journée du 75, le merveilleux canon qui faisait l'effroi des Allemands ; la vente de l'insigne eut un assez vif succès ; son produit, à Montjoux, fut de 56 francs, il était destiné à améliorer le sort de nos soldats dans les tranchées.

Une souscription en faveur des blessés et des convalescents produisit 104 francs le 2 avril 1915.

La Journée française du Secours national eut lieu les 23 et 24 mai 1915, à l'occasion des fêtes de la Pentecôte ; quatre quêteuses visitèrent les familles, distribuant soit une médaille à celles donnant au moins 5 francs, soit un petit drapeau ; les résultats furent fort beaux, il fut recueilli 101 fr. 50.

Nouvelle Journée le 27 juin 1915 pour l'Orphelinat des Armées ; aucune quête n'est faite à domicile ; les insignes, de petits drapeaux, sont déposés au Bureau de tabac ; leur vente produit 24 francs.

La population estime qu'elle est sollicitée trop souvent et que certaines familles laissent vraîment trop à leurs voisines le soin de donner.

En octobre 1915, la Journée pour l'Œuvre des Éprouvés de la Guerre rapporta 67 fr. 50 ; en décembre 1915, le produit de la Journée du Poilu fut de 35 francs. La Journée Serbe, en juin 1916, donna 12 francs, et enfin celle des Orphelins de la Guerre produisit 22 fr. 50 en décembre 1916.

Allocations Militaires

Le grand nombre de mobilisés provoqua une crise de main-d'œuvre très grave ; beaucoup de familles surprises et désemparées par le départ des aînés et parfois du chef même, se seraient trouvées dans une situation gênée ; l'Etat intervint dès les premiers mois et distribua avec prodigalité, peut-on dire, des allocations assez fortes : 1 fr. 25 pour la femme et 0,75 pour chaque enfant de moins de 16 ans ; en 1917, elles furent portées respectivement à 1 fr. 50 et 1 franc, puis à 1 fr. 75 et 1 fr. 25 en novembre 1918.

Quarante-deux familles, c'est-à-dire presque la totalité, à deux ou trois unités près, participèrent à ces distributions ; l'on peut affirmer qu'aucune d'elles n'eut à s'inquiéter trop sérieusement pour la vie matérielle.

Réquisitions Militaires

Pour subvenir aux besoins des armées en campagne, de nombreuses réquisitions furent imposées au pays, certaines furent trop lourdes et ne purent être entièrement réalisées ; toutefois la population fit de réels efforts pour y parvenir.

Le 7 août 1914, sept animaux sont retenus sur dix présentés à La Bégude-de-Mazenc, devant la Commission de Réquisition.

Les communes environnantes embarquent le 8 août, à Dieulefit, 150 bœufs pour le ravitaillement des armées.

Une nouvelle réquisition de chevaux et mulets survient le 28 septembre 1914 ; dix animaux sont présentés devant la Commission siégeant à La Bégude-de-Mazenc ; deux animaux sont reconnus bons et retenus.

Les animaux de travail sont rares, il en résulte un grave ralentissement dans l'exécution des travaux agricoles, des semailles surtout, et les conséquences s'en font sentir sans tarder, les récoltes en céréales sont très déficitaires en 1915.

Deux mille moutons ou brebis sont demandés pour l'armée dans le canton de Dieulefit, au prix de 0 fr. 80 le kilo, poids vif, pour les brebis, et 0 fr. 90 pour les moutons ; la commune en fournit 70 pour sa part.

Une troisième réquisition de chevaux eut lieu à Dieulefit le 3 juin 1915, mais aucun animal ne fut retenu.

Le 1er octobre 1915 il fut demandé 5.000 kilos de blé pour le 27 octobre et 1.000 kilos d'avoine pour le 7 octobre aux prix respectifs de 30 fr. et de 25 fr. les 100 kilos ; la Commission communale de répartition ne trouva pas disponible une quantité de blé suffisante, en retour on pouvait disposer d'un excédent d'avoine.

Par ordre chronologique les réquisitions suivantes furent imposées à la commune :

Janvier 1916, 700 kilos d'avoine ;

Avril 1916, 1.500 quintaux métriques de foin et 1.000 quintaux métriques de paille ;

Août 1916, 3.000 kilos d'avoine ;

Octobre 1916, 3.000 kilos d'avoine et 3.000 kilos de pommes de terre ;

Décembre 1916, 300 quintaux métriques de foin et 200 quintaux métriques de paille ;

Juin 1917, 800 quintaux métriques de foin ;

Juillet 1917, 60 quintaux métriques d'avoine ;

Août 1917, une paire de bœufs ;

Septembre 1917, 200 quintaux métriques de paille ;

Novembre 1917, 100 quintaux métriques de pommes de terre ;

Juin 1918, 800 quintaux métriques de foin ;

La récolte de 1918 fort déficitaire par suite d'une longue sécheresse ne permit pas de faire la répartition d'une quantité aussi élevée ; la Commission de Répartition ayant observé que les Communes environnantes : Vesc, Teyssières et d'autres, étaient bien plus légèrement taxées, qu'elles n'avaient fourni en toutes choses que des quantités insignifiantes, protesta contre ces réquisitions répétées et trop lourdes auprès du sous-Intendant militaire à Valence, et du ministre du Ravitaillement et obtint gain de cause ; la commune n'eut à fournir que 14.500 kilos.

Novembre 1918, 50 quintaux métriques de pommes de terre ; la Commission de Répartition vu la déplorable récolte se trouva dans l'impossibilité de répartir la moindre fraction de cette réquisition qui en année ordinaire aurait été couverte avec la plus grande facilité ;
Novembre 1918, une paire de bœufs.

Les Restrictions — Les Cartes

La guerre se prolongeant, les stocks de denrées de première nécessité s'épuisèrent vite, attendu que les usines et le commerce étaient surtout occupés des choses intéressant l'armée. Bientôt le sucre devint rare, puis le pétrole, l'essence ; bien des familles furent presque totalement dépourvues de lumière pendant l'hiver 1917-1918. Il fallut que l'Etat intervint dans leur répartition afin que les riches ne pussent les accaparer ; à cette fin on créa des cartes qui fixèrent la quantité que chacun devait recevoir en sucre, essence et pétrole ; ce fut une amélioration évidente. Les pâtes alimentaires, le riz, le chocolat, furent extrêmement rares, bien souvent introuvables.

La mobilisation générale avait enlevé bien des bras à l'agriculture, nombre de champs furent abandonnés, on réduisit des cultures de première nécessité, les sous-marins allemands empêchaient partiellement l'arrivée du blé ; il fallut restreindre la consommation du pain ; la compression fut énergique surtout de mars à août 1918 ; les vieillards, à partir de 60 ans et les enfants jusqu'à 13 ans ne reçurent que 200 grammes de pain par jour ; les personnes ayant des occupations peu fatigantes, 300 grammes ; les travailleurs se livrant à des besognes pénibles, 400 grammes ; l'on parvint ainsi à effectuer la soudure des deux récoltes sans trop d'encombre ; quand on renouvela les cartes d'alimentation en septembre 1918, les rations furent presque toutes augmentées de 100 grammes, et le pain fort noir et de mauvais goût en mai, juin juillet, par suite d'additions parfois singulières, redevint plus blanc et plus appétissant.

La disette du tabac fut réelle ; des fumeurs ne touchèrent en 1917 et en 1918 que deux à trois paquets tous les trente à quarante jours ; ce fut pour eux l'une des privations les plus pénibles, celle qui provoqua leurs plus vives récriminations ; il fallut se résoudre à fumer des feuilles de tussilage, des fleurs de tilleul, du thé, et autres choses bien inattendues.

Culture des Terres — Rôle des Femmes

Une quarantaine d'hommes jeunes et vigoureux n'avaient pas été enlevés impunément à la culture de des champs ; pendant toute la durée de la guerre les travaux agricoles s'effectuèrent plus lentement, moins parfaitement, on abandonna les parcelles de terrain éloignées, peu fertiles ; les façons culturales : labourages, binages, sarclages furent exécutées avec moins de soins, souvent en retard ; les engrais chimiques montés à des prix inabordables furent peu utilisés. Cet ensemble de causes défavorables provoqua des récoltes déficitaires, fort inférieures à la moyenne, et causa des relèvements de prix anormaux, d'autant plus que cette crise fut générale dans toute la France.

Les récoltes auraient été encore plus déficitaires sans l'énergie de tous ; les femmes notamment se montrèrent résolues, elles prirent la charrue et labourèrent, elles saisirent la faux et fauchèrent, elles manièrent la bêche et la pioche, elles conduisirent les bœufs et les chevaux ; les vieillards reprirent leurs rangs parmi les travailleurs, les enfants de douze à treize ans abandonnèrent l'école, et tous apportèrent une aide efficace.

La Société des Agriculteurs de la Drôme décerna, en 1916, des diplômes d'honneur à quatre femmes cultivatrices. Mmes Auguste CHASTAN, Ernest RASPAIL, Paul RASPAIL et Mlle Blanche BOUCHET qui s'étaient distinguées dans la bonne exploitation de leurs propriétés, et le sous-Préfet de Montélimar vint remettre les diplômes en personne.

En 1915, 1916, 1917, à l'occasion des grands travaux, un certain nombre de soldats furent mis à la disposition des agriculteurs, et apportèrent une aide efficace.

Du Prix des Denrées
et des Marchandises diverses

Les années précédant la guerre avaient été des années de grande activité au point de vue agricole, industriel et commercial ; les denrées et les marchandses, abondantes, se vendaient cependant à des prix rémunérateurs pour les producteurs et abordables pour les consommateurs.

A ce bel équilibre que l'on regrettera longtemps, la guerre apporta de graves perturbations ; la mobilisation paralysa brusquement l'agriculture et l'industrie ; les usines portèrent leurs efforts sur les fabrications exigées par la guerre : armement, munitions, équipement ; les stocks se réduisirent outre mesure, puis disparurent ; des marchandises courantes devinrent rares, d'autres furent à peu près introuvables. Ces prix suivirent un mouvement ascensionnel très rapide, vertigineux quelquefois et atteignirent une hauteur que l'on n'aurait pas osé envisager.

Voici quelques prix pratiqués	En 1914	Fin 1918
Le pain........................	0 fr. 40 le kilo	0 fr. 65
Viande d'agneau	1 fr. 20 »	6 à 8 fr.
Viande de bœuf	0 fr. 90 »	6 à 8 fr.
Viande de porc...............	1 fr. 50 »	8 à 10 fr.
Viande de lapin, poids vif..	0 fr. 80 »	2 fr. 75
Une paire de poulets.........	4 fr. 50 à 5 fr.	15 fr.
Un joli dindon...............	8 fr.	20 à 25 fr.
Une douzaine d'œufs..........	0 fr. 75	5 fr.
Le blé........................	24 fr. les 100 kil.	75 fr.
Les pommes de terre.........	8 à 10 fr. les 100 k.	60 à 80 fr,
Les châtaignes...............	15 fr. les 100 kil.	100 à 150 fr.
Le vin........................	0 fr. 40 le litre	1 fr. 50
L'eau-de-vie.................	2 fr. le litre	15 fr.
L'huile d'olive..............	1 fr. 50 le kilo	10 fr.
Le beurre	3 fr. 50 le kilo	18 fr.
Le sucre.....................	0 fr. 75 le kilo	2 fr. 20
Le café......................	6 fr. le kilo	8 fr.
Le riz.......................	0 fr. 65 le kilo	4 fr.
Le savon.....................	0 fr. 70 »	3 fr. 50
Le pétrole...................	0 fr. 45 le litre	1 fr.
L'essence de lavande........	35 fr. le kilo	60 fr.
Un bon chapeau d'homme..	7 à 8 fr.	20 à 30 fr.
1 paire de bonne chaussures.	20 fr.	50 à 60 fr.
Une chèvre...................	40 à 50 fr.	120 fr.

Il faudrait tout énumérer ; les brebis, les mulets, les chevaux, atteignirent des prix absolument excessifs.

Comme la population réalisait de gros revenus, qu'elle profitait de ces hauts prix, elle ne souffrait pas de cet état de choses ; bien des familles jouirent d'une prospérité incroyable, qu'elles ne retrouveront jamais plus ; des sommes considérables s'accumulèrent dans les maisons, la plus large aisance se répandit.

Les économies réalisées auraient pu être plus profitables, si l'on avait su les faire fructifier ; mais par suite d'une méfiance excessive, on les enfermait dans des tiroirs ou dans des cachettes invraisemblables, et l'on n'en retirait pas le moindre intérêt. On consentait bien à toucher des allocations de l'Etat, mais on se refusait formellement à lui fournir les moyens de les payer.

Hivers rigoureux

Aux souffrances causées par la guerre s'ajoutèrent, en 1917 et en 1918, celles de deux hivers particulièrement rigoureux et marqués par d'abondantes chutes de neige ; il faut remonter à janvier 1891 pour constater des froids aussi intenses.

Le 8 janvier 1917 on a une chute de vingt centimètres de neige à laquelle s'en ajoute une autre de 40 à 50 centimètres le 15 du même mois ; les trains cessent de circuler sur la ligne de Dieulefit à Montélimar, nous ne recevons pas le courrier habituel ni le 15, nl le 16 janvier. Le froid sévit avec rigueur ; le mercredi 31 janvier, à 7 heures et demie du matin, le thermomètre marque 18 degrés au-dessous de zéro ; les pommes de terre gèlent dans les caves, les chemins sont difficilement praticables, même à pied ; avec les chevaux et mulets on ne circule qu'en traîneau.

Le 6 février, alors que l'autre neige est à peine tassée, nouvelle chute de vingt centimètres, puis de cinq centimètres le 8 ; la circulation redevient impossible ; le tramway de Montélimar ne peut arriver à Dieulefit les 6, 7, 8, 9 et 10 février et aucun courrier ne nous parvient.

La situation de bien des familles est critique ; à Dieulefit on n'a ni bois, ni charbon ; les boulangers dépourvus de fagots cuisent de trop faibles quantités de pain ; à Montjoux, ravitaillé par Dieulefit, on manque de pain pendant plusieurs jours.

L'hiver de 1917-1918 fut plus précoce aussi rigoureux et aussi neigeux. La neige commença à tomber vers le 15 décembre 1917 ; le jour de la Noël et le lendemain furent marqués par des tempêtes violentes ; la neige s'accumula en certains endroits, bien des routes furent obstruées pendant plusieurs jours ; les trains de Dieulefit à Montélimar furent arrêtés ; les mêmes difficultés pour le ravitaillement en pain et en bois se reproduisirent.

Etat Sanitaire de la Commune

Pendant la longue durée des hostilités l'état sanitaire est resté excellent comme d'ordinaire ; en août et septembre 1915 il y eut toutefois quelques cas bénins de varicelle, quatre cas de coqueluche, deux cas de diphtérie, dont un mortel, chez une mère de famille de 37 ans, l'autre, chez son enfant de huit ans, a pu être guéri.

En novembre 1918 survint une épidémie de grippe qui, depuis plusieurs mois déjà ravageait certaines régions de la France ; elle fut très violente, parfois tous les membres de la même famille furent atteints à la fois et ne purent se soigner mutuellement ; cette grippe était très contagieuse, et certains cas furent des plus graves ; cependant dans notre commune nous n'eûmes aucun cas mortel à déplorer.

La Vie Municipale

L'Administration communale ne fut pas désorganisée par la mobilisation ; trois conseillers municipaux seulement furent mobilisés : MM. Chastan, James et Magnet ; le Maire et l'Adjoint demeurèrent, le Secrétaire de Mairie, instituteur en même temps, ne fut pas appelé ; l'expédition des affaires continua avec son habituelle régularité.

Ce fut une dure besogne que de suffire à tout ; chaque jour le courrier fort chargé apportait une multitude de circulaires, d'instructions, d'états de toutes sortes à garnir, c'était aussi des réclamations individuelles fort nombreuses à accueillir, instruire et transmettre ; entre autres travaux il fallut, pour tous les propriétaires, évaluer les surfaces ensemencées en blé, avoine, orge, seigle, pommes de terre, etc., recenser ensuite le poids de chaque récolte, compter les diverses espèces d'animaux domestiques, établir les réquisitions imposées à chacun, etc.

Quand vinrent les restrictions il fallut recenser plusieurs fois la population, établir et distribuer les cartes d'alimentation, remettre chaque mois diverses sortes de tickets, de bons.

La besogne était considérable, la population était astreinte à des démarches, des déclarations nombreuses et répétées qui l'irritaient et qu'il était cependant impossible de lui éviter.

Nécessairement chacun dut y mettre beaucoup de bonne volonté et se plier à ces nécessités temporaires, bien légères d'ailleurs si on les comparait à celles supportées par les combattants.

Les Ecoles

La vie scolaire conserva son habituelle intensité, les classes ne furent jamais interrompues ; à peine la régularité des enfants fut-elle un peu moins bonne pendant les grands travaux où les enfants d'une dizaine d'années peuvent rendre d'appréciables services ; toutefois les grands élèves quittèrent définitivement un peu plus tôt que les années précédentes ; la moyenne des enfants admis au certificat d'études fut encore bonne.

La mobilisation d'une grande partie des instituteurs provoqua une crise et l'on dut recourir à des institutrices intérimaires pour les remplacer ; certaines écoles furent fermées temporairement, d'autres supprimées définitivement ; parmi ces dernières se trouva celle de Montjoux, dès le 1ᵉʳ octobre 1914.

L'Or et les Emprunts

Dès la déclaration de la guerre tout crédit fut supprimé ; les achats se firent uniquement au comptant.

La monnaie de cuivre, d'argent et surtout celle d'or ayant disparu brusquement, les échanges seraient devenus difficiles si, heureusement, la Banque de France n'avait émis des coupures de 20 francs, de 10 francs, de 5 francs, et la Chambre de Commerce de Valence des billets de 1 franc et de cinquante centimes qui facilitèrent les règlements.

Pour les achats à l'étranger la France eut besoin de beaucoup d'or ; aussi elle invita tous les détenteurs d'or à le verser à la Banque de France ; une active propagande amena de bons résultats ; en général la population n'hésita pas à se dessaisir de ses pièces en or ; personnellement nous avons eu connaissance d'un versement de 5.000 francs, et d'un autre de plus de 3.000 francs ; mais quelques personnes, patriotes trop indifférentes, serrèrent avec soin leur or dans des tiroirs, ou le mirent dans des cachettes parfois singulières ; elles ne se rendaient pas compte de la terrible alternative où se trouvaient tous les Français : ou ils se sauveraient tous ensemble, ou tous ensemble ils sombreraient ; si la défaite était survenue les Allemands auraient su les obliger à sortir cet or.

La guerre occasionna des dépenses énormes qui à certains moments dépassèrent 4 milliards par mois ; il fallut emprunter ; les Bons et les Obligations de la Défense nationale fournirent un gros appoint ; chaque année on émit un emprunt ; le premier, celui de novembre 1915, reçut un accueil favorable dans la commune ; le deuxième, en octobre 1916, recueillit peut-être un plus grand nombre de souscriptions, bien que des personnes malveillantes, trahissant leur Patrie, engageassent les gens à ne pas souscrire pour faire cesser la guerre faute de moyens.

Cette indigne campagne ne réussit pas, parce qu'elle trouva des contradicteurs déterminés qui intervinrent et éclairèrent la population.

Pour donner le bon exemple, quelques élèves de l'école de La Paillette et leur maître se cotisèrent pour acheter un titre de 5 francs de rente pour la somme de 87 fr. 50 dont les revenus seraient employés au profit de l'École.

Voici les noms de ces bons petits Français :

Raoul Bompard, Léon Broc, Louis Chastan, Gaston Chauvin, Marcel Garaix, Hubert Girard, Roger Gras, Paul Gros, Colette Guerrier, Jean Laurent, André Monard, Kléber Monier.

Le trésorier de la Caisse des Ecoles, M. Genevès, employa

350 francs pour acheter 20 francs de rente ; cette somme fut prélevée sur les économies réalisées depuis quelques années.

Il n'y a rien de particulier à signaler relativement à l'emprunt de 1917, ni à celui de 1918 effectué au moment de nos plus grands succès, qui amenèrent si rapidement la défaite complète et irrémédiable de la Bulgarie, de la Turquie, de l'Autriche et enfin de l'Allemagne elle-même, sauf qu'il produisit plus de 21 milliards, le plus fort chiffre atteint.

Moral de la Population

La guerre soumit la population à de dures épreuves morales ; les revers du mois d'août 1914 l'affligèrent profondément ; les alternatives de défaites et de succès provoquèrent de semblables alternatives d'abattement et d'espoir ; un grand nombre de personnes se découragèrent franchement et définitivement, rien ne put relever leur moral ; des propos malheureux et inconsidérés de soldats contribuèrent à les maintenir parmi les défaitistes irréductibles ; il leur paraissait impossible de parvenir jamais à abattre l'Allemagne et ses alliés dont les succès, à certains moments, parurent décisifs, notamment lors de l'écrasement de la Serbie, de la Roumanie et surtout de la Russie, dont la trahison à l'égard de la France et ses alliés fut particulièrement odieuse, trahison dont les conséquences parurent si graves que notre défaite parut certaine à beaucoup.

L'entrée des Etats-Unis dans le conflit rendit courage ; il parut évident qu'une nation de cent millions d'habitants, immensément riche, énergique et résolue, abattrait infailliblement le colosse germanique essoufflé et en partie épuisé. C'était, pour les alliés, des soldats en nombre inépuisable, des armes, des munitions, du matériel, des approvisionnements en vivres et en matières nécessaires à l'industrie, assurés pour aussi longtemps que durerait la lutte. Ces prévisions ne furent pas déçues. Sans doute les Allemands, dans des attaques massives réussirent, de mars à juillet 1918, à menacer Amiens à descendre vers Compiègne, vers Château-Thierry, à franchir la Marne, à menacer Epernay, à encercler Reims presque complètement, à raviver ainsi de cruelles appréhensions sur le sort de Paris qu'ils parvenaient à bombarder avec leurs pièces géantes à longue portée.

Mais nos soldats furent réellement indomptables ; farouches et résolus, commandés par des généraux valeureux, secondés par les Anglais, secourus puissamment par les Américains, ils refoulèrent l'ennemi dans de durs combats, lui firent repasser la Marne, l'Aisne, et de succès en succès ininterrompus, le poursuivirent l'épée dans les reins jusqu'à sa défaite définitive, irrémédiable.

On sentit pendant ces journées que l'on atteignait la phase décisive de la guerre, et les plus irréductibles prêcheurs de panique consentirent à reconnaître que nous sortirions vainqueurs de la lutte, contrairement à leurs décourageantes prédictions cent fois renouvelées.

Il faut dire, à la louange de quelques citoyens, qu'ils furent des optimistes résolus, qu'ils ne désespérèrent jamais de leur patrie, même aux moments les plus critiques, et cela était nécessaire à la santé morale de la population, il était bon que celle-ci ne s'affolât pas, qu'elle continuât son travail avec calme, et que, par répercussion elle ne décourageât pas les braves soldats dont les dures épreuves étaient sans fin, qui, avec bien plus de raisons que les civils, pouvaient souhaiter une fin prochaine à leurs cruelles misères, quittes de ne pas terminer leur œuvre irréprochablement.

Pendant cette interminable guerre, toutes les réjouissances furent supprimées, il n'y eut plus ni vogue, ni fête du

14 Juillet ; on entendait rarement chanter, le dimanche on s'amusait peu, sous ce rapport, la tenue générale fut irréprochable.

L'Armistice

Après une brillante campagne de quinze jours, la Bulgarie, écrasée, réduite à merci, signa un armistice le 30 septembre 1918 ; la Turquie, pressée de toutes parts, surtout par les armées anglaises en Syrie et en Mésopotamie, s'avoua vaincue et, à son tour, signa un armistice le 31 octobre suivant.

La débâcle de l'Autriche suivit de près, le 4 novembre. Enfin l'Allemagne, après sa dure défaite du 15 au 18 juillet 1918, avait vu ses ennemis, toujours plus nombreux et plus résolus, lui porter des coups terribles et répétés qui l'avaient obligée à reculer sans arrêt.

A son tour elle allait connaître l'invasion ; la guerre, qui, jusqu'alors, l'avait épargnée allait être portée chez elle ; désirant éviter les ravages qu'elle avait infligés aux autres, elle demanda un armistice qu'elle signa le 11 novembre, malgré la dureté des conditions qui lui étaient imposées. Cet armistice fut connu dans la commune le même jour, vers midi ; la population laissa éclater sa joie ; les cloches du Temple sonnèrent, les maisons se pavoisèrent ; les écoliers mis en congé parcoururent joyeusement la commune, en chantant et en farandolant avec de nombreux drapeaux.

Le lendemain les journaux parus avec de grands titres furent lus avec empressement par le public qui n'en pouvait croire ses yeux et ses oreilles, tant la paix paraissait encore improbable il y avait seulement un mois.

Peu de temps après l'armistice la démobilisation commença ; les plus anciennes classes furent renvoyées successivement et nos glorieux soldats déposant leurs armes victorieuses reprirent leurs pacifiques occupations, entourés de l'estime de leurs concitoyens.

La Paix

Après six mois de laborieuses négociations la paix avec l'Allemagne fut signée le juin 1919, à Versailles, là même où, le 18 janvier 1871, l'Empire allemand avait été proclamé à la suite de nos défaites imméritées de l'Année terrible ; nos morts étaient vengés, l'Allemagne humiliée et abattue. Comme dans son tombeau Bismark dut tressaillir !

Les traités de paix avec l'Autriche, la Bulgarie et la Turquie ne furent signés que plus tard.

TABLE DES MATIÈRES

TABLE DES MATIÈRES

PREMIÈRE PARTIE

GÉNÉRALITÉS

DEUXIÈME PARTIE

HISTOIRE

TROISIÈME PARTIE

QUATRIÈME PARTIE

LA GRANDE GUERRE — 1914-1918

GRAVURES *(Hors texte)*

Portrait de M. Mourier.
Vue générale de Montjoux.
Vue générale de La Paillette.
Vue de la Tour.
Vue du Château de Montjoux.
2e vue du Château de Montjoux.
Façade du Château sur la cour intérieure.
Armoiries des de Vesc.
L'Ecole de La Paillette.
Le Pont métallique après la crue du 22 juillet 1914.
La place Léopold Mourier.
Le Serre.